從名媛到特務
北平李麗

清秋——原著
蔡登山——主編

一九三五年的舞后北平李麗

北平李麗離滬抵港，（左起）北平李麗、陳娟娟、萬里香

北平李麗字重慶卜居港島。

《銀色》第2期，北平李麗為封面人物

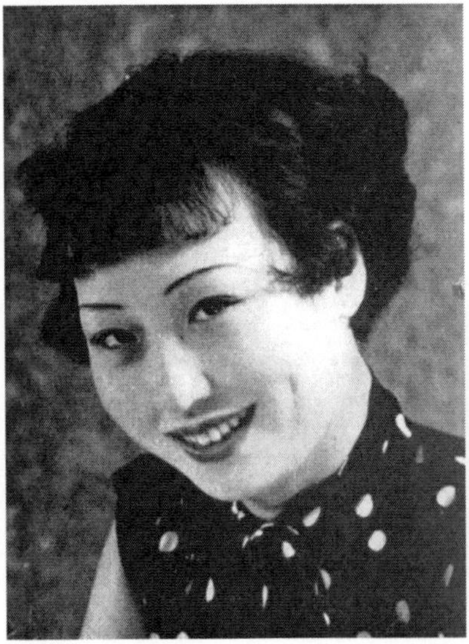

舞后北平李麗倩影

李麗及其妹與女

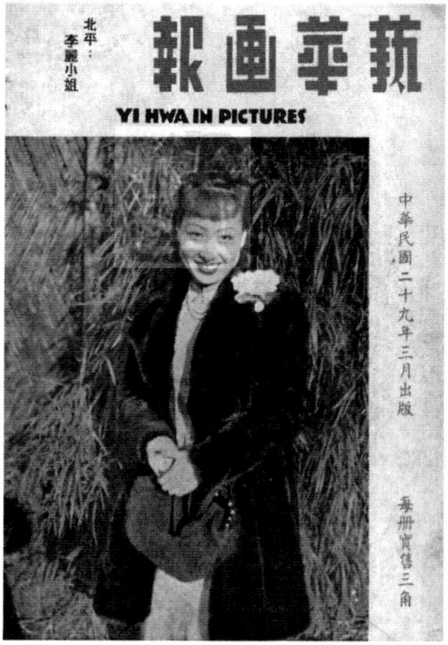

《藝華畫報》，北平李麗為當期封面人物

封面人物——北平李麗

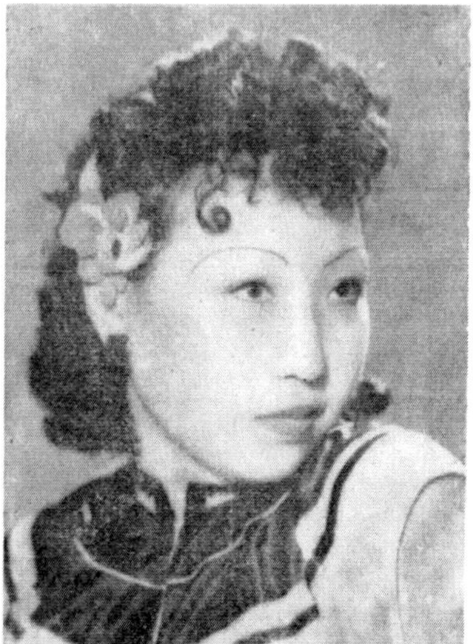

北平李麗

◇◇名動南北之北平李麗小姐◇◇

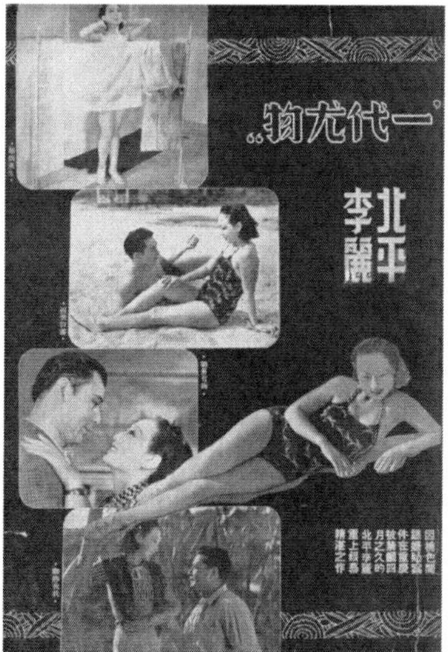

「一代尤物」北平李麗

北平李麗相關報導

北平李麗再度上銀幕！

北平李麗也是天字第一號的大尤物，過去在舞國的風頭，至今還嗆炙入口。不但長得非常漂亮，一口清脆的國語，十足可以跑上劇壇，走進銀幕。所以，鶴鳴公司的第一部有聲片「春潮」，便是現在走紅的小生高占非和野貓王人美主演，北平李麗居然也是其中要角，因此，李麗的名氣益彰，等到和張翼主演的「一代尤物」公映，北平李麗當然更紅起來了。

以前一直蟄居香港，聽說最近來滬過一次，北平李麗又有改唱京戲的企圖，化費了一筆很大的支出，定做了許多「行頭」，想玩賦了跳舞，拍過了電影，改唱京戲換換口味。興緻之好，在許多女人中也許推她獨一。憑她那隻面孔，再加上過去對客裸浴的大胆作風，唱京戲照樣可以風迷一時，除了「四郎探母」，「王寶釧」等，因為她扮相漂亮與交際手腕靈活，可以籠絡大批捧場者每天包座外，一曲「紡棉花」，保險能夠壓倒老牌吳素秋，和現在祇唱「紡」「劈」的童芷苓。

可是，最近又有關於她的新鮮消息傳來，在唱戲之外，她又將重上銀幕。「華影」自成立後，大量採用新人，童芷苓，言慧珠各有一張新片，而歌場裏的陳小燕也居然上起銀幕。所以北平李麗的再度出山，非但說是有可能性，而且她上了銀幕後的號召力，也不輸於其他女人的，這次聽說有兩個姓李的女人，同時再在電影上出現，一個是「裸浴豔聞」的李麗，一個便是「潘金蓮」起家，被擠於電影圈外的李綺年。

有人這樣想：李麗拍攝電影，不妨採取其本人的故事，生意眼十足，凡是女人與男女之間的精彩關係，在她的人生中，早已全部表演無遺，相信觀衆們，對於李麗自己現身說法，一定也是十二分歡迎的！　（圖：北平李麗）

北平李麗預備唱時遷偷鷄

△北平李麗，一代尤物，到了上海，忽發雅興，預備唱幾台義務戲，戲迷們聽見之後，興奮得不得了，又有幾天好戲可看，昨天傳出消息，她非但要唱戲，還要反串破天荒的武丑戲時遷偷鷄，而且是千真萬確的事據她自己對人說：只有翻觔斗不會、連吃火的功夫都學會了。（北平李麗近影見圖）

抗戰時期・轟動全國

北平李麗間諜案眞相揭露

將軍追求未遂藉端羈押

副官代人受過瘐死獄中

・莫經自渝寄・

警備司令李根固部下偵緝隊的胡丹流的老師

重慶通訊

李麗間諜案中之重要文件

香島近事報

北平李麗長女潛逃

楊秀瓊做吉普女郎

・吉誠自港寄・

李麗將赴京義演

・倚虹閣主・

南京約戲院與戲院票價，不准增加，社會局已有決定。於是戲院與茶廳約後台滀員大翹恐院，戲茶聽規慎最大的奎光閣，女演員蔣慕漭王瑞瑣首先辭班不幹，於是奎光闆不得已而將合。此外全安、天香闆、金谷、中華、藝樂等家，亦都在醞醵飛滀邏勸，恐怕在六月十日以前，要一致的「慣鑼鍾。」

平劇——君領導的勝利劇圍，書四庚劉湘文這一班角色，巳經到了臨別紀念的時期，日內郎將返回上海。以後南京大戲院只有鴻春社的小學生在支撑門面了。明星大戲院的平劇班首先埼了，醉麗王少樓也在大喊不能維持生活，埼合之期已近，少爺準備返滬，另打出路。將來明星戲院由鴻春社小學生來維持一個過渡時期。

近日盛傳北平李麗小姐將借其女幼麗在京搭班演唱。但李麗之來，雖係事實，確是一種觀光上林性質，絕非爲演劇而來，縱然演戲亦爲義演，搭班一說，談何容易。現南京平劇入於淩落時期，李麗來京義演，當可爲首都人士一破岑寂也。

北平李麗在港被捕！

[illegible]

・未央・

北平李麗・香閨歌敘記

手面之闊

哥倫比亞路唱會，參加名與，伊人

記者參加，惜園於倆務，前二次皆未邀赴宴，殊甚歡仄，迨上星期，伊人又親自約請，於是不得不前往，一溜矣。

李麗之居，在大西路底哥倫比一將美洋房，齋是，樓下二佈置精鋼琴，，照片糞件，高懸四驢，最妙者僞，畫得

座皆沙發

惡路口，爲之小型花閒，庭園內花草，春意盎然，閒爲客室，美，有地氈

一幅畫馬圖，生氣勃勃，

．大鼎子．「一代尤物」之北平李麗，每陥二星明必在私實果行劇清者成爲海上一時並設宴款待，其，同可做視莖雌，不惋僞銷一流交際花也。李麗舞逢平劇清唱會，迨請，眞所謂「活馬」是也。以此「活

雄健有勁

馬闔」而懸諸伊人客室正中，眞不暫「屆來特馬克」也。一笑！我人歌明即在此客室中，𩋾雖寓大，惟是日到有名粟名佮濟濟多士，誠盛況卒前也●女主人李麗是日衣海色西裝亻裧，唱紛不施，征見淸麗。伊潤旋數來賓之間，洛洛大方

高歌紅娘

，復親自數段，嗓音清亮，不惋梅門高足。其嬌女錦𡗗即李幼躍，是日亦在，穿ㄖ袖春裝，棵玉臂，風裟嗓美，伊習唱于趙仲安，亦宗梅派，昝高歌武唱闊一劇，雛風聲清

不肯一露

，前途大有希望，眞所謂「母是央雌兒好漢，強將手下無𡲏兵」也。是日最蘿得者，老名旦朱琴心君亦唱了一段扮河嵩，朱君息嘧多年，轣島，耳幅誠不淺爲。歌

（圖：北平李麗）

馮即入席數宴，棻由李寓庖廚承辦，多爲本地風味，均極可口，李麗除廚房外並另有娘姨二名，及小使女二名，盛飯時由小使女執盤進奉，而敬烟倒茶更極盡招待之能事，此二小女孩

，囧亦訓練有素，始克嗦此也。筷口之花，華香琳亦參與此盛會，伊自任總招待，僞客濕棻，殷慇備至，對記者尤頻頻以筷敬棻，裳美人吉陳，害我飄飄然奐。

倩影飯後李麗復出僞記贈我，並親自幼麗者題款，其女，壽亦贈記者一影法工㩗秀美，字如其人，直巫十

一時，始各散去，於是夜閑人靜，僮有李麗借其女擁衾而臥，然苯色惱人，伊人內心諒亦苦閃也。呵呵！

北平李麗計退丁默邨

・摩天客・

北平李麗她演過「一代尤物」，而她自己實是一代尤物，她妖媚的綫條和大胆的姿戀，就是廊緣曾的男人也弄得面紅耳赤，一同有某記者航閃她，她精赤着身子坐在浴紅裹，催以有一條籌自的毛巾遮掩着她的棟癒之處，而其他邨役則盤收入那係記者的眼底，弄得那記者也有些隨旅；還有一同，她在麗都伸舞的時侯，將一個翩舞客抱在搂裹，把那舞客的頭黴在她的乳峯上，一隻手摸著這舞客的各魂，那舞客是一個瀟亮的大學生，弄得他很不好意恩，可見李顯之尤物個性一斑丁。

香港在戰後她蓋居只本，後來認職了是在犬將間村，於個女敵儒時代是一僞官要人，不少的，而都以認饑僞榮勢力她有絲蔔頭的默邨，因之卽是丁分，也對她低頭三默邨有一同，丁逆，可想動她的臨軔愛上是李麗怎慶能老頭逍一個乾寢的邨深子，她在丁默，特夜造訪的時候睡衣她穿了肉感的認僞來見他，丁逆迷迷大有意思，色可是的變在那兒，的聯她已嘱咐手下，閒員去叫岡村來丁默村來了，香見臥室邨坐任李麗的丁睡裏，李麗又穿燃燒衣，不覺佑火盈她，而李麗笑盎默邨對閒村說：丁託我有要串找你，對岡來約你，同時色，村使了一個眼退出丁默邨狼狙地自鳴，當時李麗還得意呢？

北平李麗不願作老闆

·霄友·

論交際花，過去有南唐（瑛）北陸（小曼），和薛錦閣等，可稱豪爽一時，素爲社交界所嚮往，馴至今日交際花雖輩出，論氣度，及實際，不客氣地說，已幾成爲變相的職業女子了。一日偶然和北平李麗談及以目前交際花的資格來論，李堪稱交際花的前輩了，一友竟稱李爲交際花老扳，李亟否認，或謂稱李爲交際花中之領袖，當爲李麗所默許了。

北平李麗妝閣宴文友

·大鼻子·

「交際皇后」北平李麗，豪爽一如鬚眉，派頭之好，無以復加，與時下之交際草相比，乃覺李麗確可榮居皇后寶座，而無愧色也。李麗好戲，已於卅一日在天蟾演春秋配金山寺，事前曾在哥倫比亞路寓所宴請文藝界友好。李麗是日打扮美麗，招待慇懃，其女幼麗及華香琳小姐則幫同招待，幼麗復備酒勸飲，敬茶敬烟，小尤物之酬酢功夫，固亦特別道地也。席間李麗復分贈玉照，與在座之友好親筆簽名，殊見鄭重。我與李麗華香琳並坐，與幼麗則對坐，既親香澤，復飽覽秀色，又得名菜果腹，於是耳、鼻、口、眼、手並用，各得其所，洵盛事也。一笑：席後復與香琳李麗等高談闊論，東西南北，男女大事，無不談及，越談越有勁，興高采烈，直至十二時，始各散去。

北平李麗有歸宿矣

·斯斯·

北平李麗，人稱之爲一代尤物，吾謂之爲人妖亦可，擧凡浪漫女人之行徑，此姿可謂應有盡有，舞女爲，坤伶爲，拍電影爲，甚至最卑賤之職業，均樂於嘗試，抗戰軍興，彼更活躍於北京及南京兩地，周旋於日本岡村大將，及僞府代主席陳逆公博之間，日前某報，謂其犧牲色相，智退丁默邨，若以其平日在公衆場所，倘可袒胸露背之事態，或可據爲信史，頃據接近戲劇圈之人來談，此婆現已有歸宿，與前數月歐陽莎菲之嫁某有力者，如出一轍，繼者論李之年齡，已近四十，風塵老去，能於此次隨封條而得金龜壻，是亦其畢生幸福也。

一代尤物隨封條而去

一代尤物名不虛傳

北平李麗之・雙瞳魔力

「一代尤物」北平李麗，近年卜居海上，住哥倫比亞路，以性好戲劇，每逢星期日在家邀請友好歌敍，而伊本人則每逢星期六，必到淨土飈和鳴社參加清唱，上星期六，記者去和鳴社，見李麗亦在，穿米色格子西裝上衣及西裝長褲，外披黑絲絨・德珍・短大衣，架黑色眼鏡，風韻萬都，旁其座者爲其女李幼麗，亦穿西裝，外披灰背大衣，年歲猶雖，然雙麗並立，則小麗猶不及大麗之美也。

是日李麗唱數齣，興緻甚佳，復參加桑餐，與記者同座對坐，我乃作劉楨之平覩，伊忽除下眼鏡，乃現出媚而且美之雙瞳，李麗年事已大，猶有此碰電力，足證「一代尤物」名不虛傳也。

席間會與李麗邊吃邊談，她說昀一口甜糯有媚力的上海話，間亦雜些許京片子，使人聊之痛體舒快，伊告近在滬系所事，乃以平劇滑遣，家中請丁趟仲安（梅蘭芳弟子）祁彩芬（昔幫蓋叫天爲名武且）華傳浩（仙苑社社員）爲教師，又請了陳國樑拉季，每日與幼麗，勸習不假，每逢星期日，則在家擺宴邀請男女名票名伶前往宴敘，伊會邀記者於次日星期前往隨喜，惜以事阻，未能踐約也。

伊繼云近傾力培植其女幼麗，蓋幼麗貌亦甚美，年歲僅二九，在乃母領導之下，他日似可青出於藍，不負李麗之期望也。

是夜吾人痛飲狂喝，痛盡樂娛，李麗雖有說有笑，惟僅以自備餅乾充饑，蓋伊正患胃疾，納食不多，幸有名醫何時希爲之悉心診治，不難早日告瘥也。

李麗好戲外，又嗜舞，故是晚飯罷後，伊乃約男友敵人共至百樂門狂舞，惜記者爲不舞之鶴，不然與此「一代尤物」狂舞一番，必有些渾淘淘也。

（圖：章英明，李麗）

導讀
謎樣人物：北平李麗

蔡登山

十多年前我在研究上海小報文人時，翻閱許多當年的「小報週刊」（當年的小報目前除了在上海圖書館等幾個大型圖書館有收藏外，已很難見到，但「小報週刊」，在中研院已訂購有紙本復刻本），常常躍入眼簾的是「北平李麗」的新聞報導，但諸多「小報週刊」內容多所重複，於是我擇要的影印一些。後來我得知在一九三八年在香港芝蘭出版社有出版過《北平李麗》一書，我請了朋友從上海圖書館複印出來。而在這之前，我曾經在香港《大人》雜誌第五期見到掌故大家陳定山寫的〈歷盡滄桑一美人——北平李麗的故事〉（定公此文先發表在一九六六年二月五日臺灣的《聯合報》副刊）。

二〇一〇年北平李麗的回憶錄《誤我風月三十年》重新出版（陳定山的文章，已經提到此回憶錄，聽說當時是自印本，只在她好友中流傳），而次年五月二十六日，香港研究周作人專家鮑耀明來臺，在閒聊中我問及可否知道當年北平李麗在香港的事，他說北平李麗在香港很紅的，他甚至都藏有她當年的照片，他並答應返港後寄給我一張當紀念，約莫不到一個月的時光，我收到照片。

這大約是我收集有關北平李麗資料的經過，最近又因為上海圖書館已將當年小報數位掃描成《晚清與民國期刊全文數據庫》，我利用這大數據庫查詢，居然有七百多筆的報導及大量的照片，但由於新聞重複或著重於私生活誇大不經，我並沒有採用，只挑選幾張效果相對比較清晰的照片，收入此書。而北平李麗在一九五五年後定居於臺灣，我利用臺灣報紙檢索出她的一些報導，可補她回憶錄之不足（回憶錄應該成書鑾早了），我根據這些資料並參考南京師範大學周存秀的碩士論文《北平李麗的人生經歷與時代變遷（一九一〇—一九四九）》，大致理出一個簡單的大事年表。

北平李麗大事年表

時間	年齡	事件
一九一〇年	一歲	身世不明，由李姓乳母撫養，住在北平史家胡同一個大雜院。
一九二二年	十三歲	養父母去世，家中經濟困難，受表哥之邀赴天津生活。同年入讀天主教堂設立的培真小學。
一九二三年	十四歲	因表哥經營妓院，被誤認為雛妓，學校擬開除，於是自動輟學。
一九二四年	十五歲	嫁與山西富商之子林更新，後林更新赴法留學，李麗離開山西返回北平老家。
一九二七年	十八歲	冬赴哈爾濱開始交際生活，「名媛李愛蓮」轟動哈爾濱。
一九二八年	十九歲	因得罪一位混成旅旅長逃至瀋陽，結識張學良、川島芳子、土肥原賢二、矢崎堪十郎等人。
一九二九年	二十歲	到上海，參加電影《綠林叛徒》（吳文超導演，查瑞龍、梁賽珍、李麗主演）的演出。
一九三二年	二十三歲	拍攝電影《春潮》（亨生公司出品，鄭應時導演，高占非、王人美、李麗主演，一九三三年上映）。在田漢的南國社認識江青。同年在上海「老大華」舞廳，開始下海伴舞。
一九三四年	二十五歲	當選「上海舞后」，十一月十一日在上海百樂門飯店舉行加冕典禮。並因此而擁有一棟花園洋房，兩部汽車，不少珠寶鑽石。
一九三六年	二十七歲	向法院請求與林更新離婚並獲准。同年夏天參加中國旅行社歐遊集團赴歐觀光，後去美遊覽，經日本回國。

時間	年齡	事件
一九三七年	二十八歲	所著之《世界之旅》出版發行。三月受富商劉仲芳之騙赴青島準備結婚。
一九三八年	二十九歲	二月回到上海，四月從上海遷至香港避難。五月三日與友人Grace到漢口遊玩，港媒傳其因間諜被槍斃。六月二日因間諜嫌疑再重慶被拘，歷經四個多月後被釋。十月底第二次被捕，十二月一日離渝返港。
一九三九年	三十歲	在香港拍攝電影《一代尤物》（聯藝公司出品，李應源導演，李麗、張翼、蔣君超等主演）。同年冬，第二次出國遊覽。十二月加入藝華公司，演出電影《火燒碧雲宮》（文逸民導演，李麗、范雪朋等主演）。
一九四〇年	三十一歲	參與新民公司拍攝電影《賽金花》（李應源導演，王乃東、蔣光超、李麗主演）。
一九四一年	三十二歲	十二月二十五日香港淪陷，十二月二十八日被日軍召至半島酒店，與矢崎堪十郎重逢。
一九四二年	三十三歲	營救被日軍逮捕之中外人士十四人。同年受松井中將要求赴廣州演出。拜梅蘭芳為師，夏時幫助梅蘭芳離開香港回滬。同年秋末，受矢崎幫助，於廣州辦麗華運輸行。
一九四三年	三十四歲	夏初回到上海，與日偽交往更加頻繁。
一九四六年	三十七歲	二月二十五日參與撫恤李世芳家屬義務演唱京劇。演出電影《京華血淚》（李麗、黎灼灼、蔣君超、王乃東、黎鏗等主演）。
一九四七年	三十八歲	參加電影《寡婦情殺案》（李英導演，陳厚、李麗主演）的演出。

時間	年齡	事件
一九四八年	三十九歲	九月下旬，擬組織京劇團赴東南亞旅行演出，在香港演出時因與馬連良競爭而虧損嚴重。
一九四九年	四十歲	赴日本為在日演出京劇做準備，但此演出計畫最終流產。
一九五三年	四十四歲	長女（養女）李幼麗與其斷絕母女關係。
一九五五年	四十六歲	二月由香港來臺灣勞軍，後決定長居臺灣。二月四日《聯合報》載立信會計學校邀她在春節演出同樂晚會，在鐵路局大禮堂，演出京劇《貴妃醉酒》、《閻惜姣》、《頭本紅霓關》、《閨房樂》。
一九五七年	四十八歲	一月二十七日養女李幼冬才二十二歲，被僕人持刀逼姦，而這僕人居然在法庭上說是和姦，李幼冬冤鬱難伸，最後服毒自殺。同年三月十二日《新生報》上說她「清白被污，令名受損」，「自感無顏見人，頓萌短見。」
一九五八年	四十九歲	一月，應聘為空軍供應司令部天馬平劇團顧問，必要時參加演出。空軍單位提供她在臺南的住所，另月送車馬費一千元。同年六月十四日與小她十二歲的李兆聯結婚。李兆聯是福建閩西人，曾在銀行做事，當時在臺北市寶慶路開「兆聯會計師事務所」。 他們兩人早在廣州認識，後來李兆聯來臺北結婚生有四個孩子。 李麗來臺後在一舞會重逢，兩人一舞定情，李兆聯因此和太太離婚而與李麗在六月二十三日在臺北地方法院公證結婚，婚後住在臺北市中山北路一段三三巷四〇號。

時間	年齡	事件
一九五九年	五十歲	三月二十五日起一連三天在臺中市立一中大禮堂公演京劇，有《貴妃醉酒》、《四郎探母》等。
一九六〇年	五十一歲	由於演員盧碧雲辭演《西太后》一角，田琛導演請李麗飾演。
一九六一年	五十二歲	五月二十日演出由田琛導演的古裝舞臺劇，在臺北市南陽街的新南陽戲院。
一九八三年	七十四歲	三月十日參觀中國電視公司的國語連續劇《梅花特攻隊》，談她抗日與參與地下工作的經過。
二〇〇二年	九十三歲	在臺灣去世，著有回憶錄《誤我風月三十年》。

儘管有這些資料，但我還是覺得她是謎樣的人物。香港芝蘭出版社的《北平李麗》一書，應該是最早有關她傳記的書籍，作者是北平李麗的數年膩友清秋先生。至於清秋先生又是何人，與北平李麗又有何種關係，至目前我們無從稽考。對於這本旁述的資料，可以用來與北平李麗的回憶錄《誤我風月三十年》做一比對，不失為相當珍貴的材料。至於陳定山的文章，由於他在上海就見過北平李麗，陳定山二十餘歲時已在上海文壇成名了，他工書、擅畫、善詩文，有「江南才子」之譽。他是名小說家兼實業家天虛我生（陳蝶仙）的長子，他也寫小說，對於京劇素有研究，他在上海的時候，曾經和上海聞人杜月笙、張嘯林一同票過戲。一九四八

年秋冬之際，五十二歲的陳定山渡海來臺。陳定山著作等身，因定公從父輩起，便長居滬上，嫻熟上海灘中外掌故逸聞，來臺後寫有《春申舊聞》、《春申續聞》，一代人事興廢，古今梨園傳奇，信手拈來，皆成文章，乃開筆記小說之新局，老少咸宜，雅俗共賞。他在臺灣因京劇而與北平李麗熟稔，親見親聞自是一手材料。

北平李麗在回憶錄一開頭便說：「我十四歲那年就做新嫁娘，鬧過婚變，上過『火山』，登過銀幕，搞過平劇、話劇、寫過小冊子，曾經贏得交際花、名女人、電影明星、文藝作家、舞國皇后、『一代尤物』等一連串的浮名。雖未讀萬卷書，倒行過萬里路，經常卜居北平、上海、青島、香港四大都市。足跡遍國內十八省，二次環遊世界，七次旅行日本，曾因涉嫌『女間諜』嚐過鐵窗風味，也因從事地下工作，幾乎送掉性命。」

陳定山在文章說：「李麗的回憶錄，由她自己來寫是寫不完的，也許有人看了她的自傳會不相信，可是她為國家兩面工作，也建立了很多的功績，這是事實，最可惜，是支持她的某將軍在抗戰勝利之後回到上海的時候，他的飛機中途失事，乘客十七人，機員五人全部罹難。李麗半生的工作成績都在某將軍紀錄檔案中，因而也全部毀滅了。」這某將軍直指戴笠，但是否檔案全部毀滅，也有可能當時並沒有留下文字檔案，因為情報工作有時是單線口頭指示，並不見得有書面紀錄的。

一九四五年在重慶受戴笠軍統局高級幹部班訓練的情報員楊鵬先生在他的回憶錄《見證一生》第五章〈我正式走進了軍統局的大門〉中，有這麼一段話：「名女人北平李麗，曾與戴有染一段不短的時間。李麗受到日本將領華南派遣軍總司令松井（案：松井石根）中將之邀，到廣州公演，那一次在臺上由師傅梅蘭芳露臉，李麗負責唱。戲後，松井將李麗帶回總司令官邸，一進門，松井就醉得不省人事，李麗趁機翻了他桌上的公文，得知日軍十多艘運兵船的地點，電報發回情報局，事後日軍果然被中國擊沉，此次日方傷亡一千多人。民國四十一年，李麗攜一子於三月十七日保密局在臺灣舉行追悼戴先生祭祀大會時，直入保密局大門，為門警阻止。李高聲呼喊：『我帶著戴先生的兒子來，你們居然不讓他進門？』事情鬧得很僵，最後由局長毛人鳳出面解決，以後即未再來。」是楊鵬親見的，無疑地是可信的。

目次

導讀　謎樣人物：北平李麗／蔡登山　012
一　她怎樣成為北平李麗　024
二　名妓月月紅　030
三　李麗麗的誕生　034
四　永遠是茶花女型的悲劇　038
五　流浪復流浪　042
六　又是一個幻滅　048
七　銀幕上的新發現　052
八　新的希望　058
九　鍍金的上海　064
十　重重的打擊　066
十一　五〇二號的奇遇　070
十二　賣買式的戀愛　072
十三　逃出瀋陽　074

目次

十四　魚兒上鈎來了　076
十五　蝴蝶夫人第二　080
十六　終於走進了舞場　084
十七　久別的上海　088
十八　那位東北籍的區長　094
十九　桃色案件的意外發展　100
二十　新愁舊恨　104
二十一　在北平再來的丈夫　108
二十二　兩下耳光兩千元錢　112
二十三　走屋租　116
二十四　新舞場與新汽車　120
二十五　舞女的丈夫　122
二十六　三星高照　128
二十七　舞后　132
二十八　林某東窗事發　136

二十九 離婚與查封 138
三　十 王××的金屋 142
三十一 女人總有辦法 146
三十二 恨不相逢未嫁時 150
三十三 在黃金國 154
三十四 白板在東京對煞 158
三十五 在青島的她 164
三十六 太太與外室 168
三十七 婚變 172
三十八 她為怎麼在香港伴舞 176
三十九 再回到日人掌握下 182
四　十 香港再度伴舞的祕密 184
四十一 她是瑪特哈麗嗎 188
四十二 她為什麼到重慶去 190
四十三 省政府祕書 194

四十四　間諜間諜間諜　198
四十五　疑雲消散　200
歷盡滄桑一美人——北平李麗的故事／陳定山　202

一　她怎樣成為北平李麗

數月前，有一則美聯社的漢口電報幾乎轟動了整個的上海。那則電報說：漢口槍決了一位非常漂亮的女間諜韓李麗；據上海諸報的按語，這韓李麗就是紅極一時的名舞女北平李麗。韓李麗的確就是北平李麗嗎？我們不敢斷定。因為在北平李麗被槍決的消息傳到上海以後，這裡還有人收到她的信，那麼韓李麗不是北平李麗嗎？這我們也不敢斷定，因為從許多方面傳來的消息都使我們相信這一代尤物已經不在人世了。總之，她的存亡至今還是一個謎。

這裡，我們請北平李麗的數年膩友清秋先生把她的身世用生動的手法寫出來。北平李麗是不是間諜？北平李麗是不是還活在世上？請細讀本文，便會知道一切。

距離現在十八年之前，揚州有個小酒樓——小有天——那館子雖然不大，生意卻很好。老闆李瑞林，是一個在揚州住上將十年的常州人，他有兩男一女，大兒子叫德寶，在歐戰時候懷著一顆冒險而好奇的心，跟著一條到英國去的郵船到了倫敦。第二個兒子叫德康，是一個十足的不肖子，既沒有父親的商業才能；又沒有哥哥那樣跨洋過海的大志，只是天天在爸爸的櫃台裡偷錢去賭博。小女兒叫寶珍；就是現在的李麗，她那時候只七歲，卻已經能夠認三百多個方塊字。李老頭子雖然為了小兒子不長進時常懷念他在外洋的大兒子，可是膝下有了這一個乖巧的女兒，在寂寞的晚境裡，也有了不少安慰。

但人事變幻真是無常，李老頭子一來因為年老體弱，又以天天念著他在英國的兒子，二來因為小兒子的劣性難馴；因之積鬱成疾，在那一年的秋天就悄悄的死了，隔一年的冬天這馳譽於一班揚州老吃客們的小有天，也就關上了門。

李麗的流浪生活就在這時期開始；那時她還只八歲，還是一個不知天高地厚的小孩子，跟著她母親又在揚州住了一年。她的母親是一個只知錢鈔，腦筋頑固的舊婦人，而且重男輕女的心理非常厲害；因為自己不識字也做了館子店的老闆娘，兒子雖然不上進，可是大了可以「傳宗立代」，女兒到頭來總要嫁出去的，何況兒子也沒有上學堂，女兒讀書有什麼用？因此三百多個方塊字在李麗的小腦袋裡，日久就漸漸的糢糊起來了。

她的父親死下來以後，雖然沒有多少遺產，可是在揚州八九年的時間裡，也掙了好幾十畝田和那家馳譽一時的「小有天」，本來母子三人也可以好好的過日子，無奈這位流蕩成性的哥哥一等老子死去，愈加漫無羈束。因為父親開酒館子，所以兒子嗜酒，就不足為奇，因為母親的驕養縱容，所以兒子嫖賭，也不足為怪，十八年前的揚州，本來在江南也是一個稱得起繁華的地方；「十年一覺揚州夢，贏得青樓薄倖名」，當時紙醉金迷的景象，在這兩句詩句裡，也可以約略的窺見一二了。

一個遊蕩成性無拘無束的青年，在這樣一個環境裡，墮落起來是再容易也沒有了，不上一年，李老頭所有的一些血汗辛勤換來的產業，統統都改了別人家的姓。

這時李麗母親的手裡還有一點私蓄，眼看得在揚州是不能再住下去了，想著還有一個堂叔在天津開雜貨鋪，不如到那裡去多一個依靠，就在這時候，李麗的一家開始從江南遷徙到北方。

到了天津以後，她們就住在堂叔附近的一條街上；那條街是出名的藏垢納污之處，不但平津聞名，而且在國際上，也有著相當熟悉——讀者也許也聽見過「旭街」這個所在吧？這條街彷彿是上海的虹口；完全是友邦人的勢力，你只要說得世界上足以陷害人類的東西，它那裡都有。

像李麗哥哥這樣一個人，到了這麼一個地方，自然是適投所好，不上半年，酒樓茶肆娼寮烟間的一班人物，結識得非常廣闊。

這時李麗已經在一個叫培真的小學校裡念書，她之所以能夠得到母親的允許給她去讀書，完全是靠了她堂叔的力量。許多譬解的話都不能印進她母親的腦子裡；只有一句話，卻深深的打動她母親的心！「現在年頭兒女兒家能識得幾個字，就可以嫁得著好人家。」兒子是這樣的不長進，眼看得沒有靠他養老的可能，女兒倒一天一天的長大起來了；十一歲的小姑娘，看起來已經很動人，再過五六年，給她揀一門好好的人家一嫁，五千一萬的聘金是不會少的，現在給她讀書好比放本錢。在她母親這麼的一個「下意識」下，李麗才得到一個讀書的機會。

李麗進學校以後，她的過人聰明，頗得教師們的歡喜，而她的學時髦和愛打扮的程度，也著實使一班教師們吃驚，因為這麼個小姑娘已經懂得賣弄風情，裝扮得妖妖嬝嬝像一個小女人。

安安靜靜的生活在李麗的命運裡，似乎是不易獲得，因為那一年的冬天，她的堂叔又死了。李麗的母親感到在自己的依靠上，好像失去了一個保障，立時有些徬徨起來了！李麗的哥哥適巧在娼寮裡賴了一筆債，被逼得無法脫身，就乘機向他母親遊說；不如搬到北平去，說北平地方怎麼好，生活又是怎樣低，謀事又是怎樣容易，而且自己又有許多要好朋友在軍界裡做事，如果搬到北平去，他一定可以得到軍界裡的朋友介紹，謀到一個差使，他要從此好好的做起事來，再不糊塗了。

他的母親經他這樣花言巧語的一說，就信以為真，全家搬到了北平。她哥哥雖然因之賴掉了一筆債，而李麗也就此又喪失了一個求學的機會。

李麗此後所以被人稱為「北平李麗」，也許是因為她從那時候起有一個很長期住在北平的緣故，否則她應該是常州人，或者也可以叫她為「揚州李麗。」

她們那時候是住在東單牌樓紫竹胡同的一宅大院子裡，房子是相當的寬大，只是破舊一點；但在看房子人說起來；這宅院子也是一個曾經有過榮耀歷史的房子，因為這是滿清某貝勒的一所官邸，現在雖然顯得衰頹一點；但是單看那庭前的兩株大棗樹，已經足夠保持它當年的身分了。

在天津住膩了的人，一到了北平，真像換了個天地，就是空氣都好像新鮮一點。北平沒有天津那麼煩擾，而天津也永沒有北平那麼寧靜。李麗在這樣一個清新的環境裡，真有說不出的喜悅！她也不管哥哥是否真能在軍界裡找到事做，現在只希望他不要再出別的主意，住不上半年又要搬到不知什麼地方去。

她要求她媽允許再讓她繼續讀書，她的母親居然也答應了，只是讀不上一個月，就要放寒假了，所以祗能等到明年春季開學的時候再去讀。

一顆求學希望的萌芽滋長在她的心頭裡，直盼望快快過年，就可進學校，但是不幸的事又把她讀書的機會打斷了。

過新年的時候，她的母親接連的打了幾夜牌，老年人的眼睛是早已失掉了精力，加之深宵的疲憊，心火上冒，眼睛頓時紅腫的像核桃那麼樣。這時家裡的事情只能由李麗來料理了，小小的一個人，煮飯洗衣之外，還要服侍母親。

開學時期過去了，她母親的目疾還沒有好，一天一天的捱延下去，竟生了兩個多月的眼病，好了以後，左眼還時時要發，後來左眼就變得比右眼小了許多，一直到老沒有好。

因為李麗能夠做得許多家事，她的母親病好了以後就把這責任推到她身上，這位老太太平時是只疼愛她那沒出息的兒子，從來也不留出一點慈愛來顧惜自己的女兒！李麗就在她母親過分輕視女兒的心理下，在家庭裡做了兩年牛馬。

當她十四歲那一年，她母親的一點私蓄除了平日一些清苦生活以外；其餘早已被她哥哥陸續騙用完了，這時她母親才感到生活的恐慌，但是已經沒有補救的辦法了。

二 名妓月月紅

十四歲的李麗已經發育得像一枝鮮花，歹心的哥哥眼看得自己的妹妹已經長成到動人的年齡了，就想出了一個滅絕人性的主意，竟勾串了一個無賴把她押賣給天津一個二等妓院，以一百五十元的身價，使自己的妹妹在火坑裡度了三整年的非人生活！而她母親雖明知兒子做了這件事，也並不設法把女兒援救出來；反而還時時到妓院裡向女兒去要零錢用。我想世界上再也找不出第二個像她那樣的「慈母」了，難怪李麗到現在還在懷疑這母親究竟是不是她自己的親娘呢！

李麗的哥哥拿到了妹妹的賣身錢以後，就同時失了蹤。不知是沒有面目回到家裡去呢？還是因別件事入了監獄，只有他自己一個人知道了。總之他在這一年中沒有回到家裡去過。

這個妓院叫「寶鳳班」，是一個二等的娼寮，李麗進去以後，班子裡就給她題了個花名叫「月月紅」，但是後來許多熟客和那一帶玩玩的人都叫她「小李兒」；因為她年輕活潑而又大方；在這一群庸俗的脂粉隊裡，自然像野草當中的一朵異葩，而她那種天賦的亭亭的儀態和那付似怨似艾的神情，使那班猖猖的登徒子更加神魂顛倒。不多久，寶鳳班裡的月月紅立時成了一等紅倌人，連逛逛頭等妓院的老客人，都曉得有月月紅那麼個人。

李麗在這送張迎魏的環境裡，真是嘗盡了人間的慘痛；幾次想脫逃，總是不能脫身；因為老鴇看管得非常緊，同時班子裡好像養著許多流氓，專門釘住這班出局的姑娘們，以防她們出花樣。但如果真的做滿三年，那簡直還是死了的好。然而她不願死！為什麼要死呢？自己沒有力量跳出這個火坑，不是可以設法借別人的力量，逃出這個女性的地獄嗎！在這時候起，她就蓄意要尋一個可以援救她的人。

寶鳳班裡有四個好客人，一個是南北貨裡的掌櫃，一個是鐘錶店的老闆，一個是布莊的賬房，還有一個是在天津和山西一帶路上運鴉片和私貨的頭兒。這四個人都是寶鳳班的長主顧；而那位販私貨的卻是主顧之中最闊綽的一個，同時也是年齡最高的一個；從他的灰白的兩鬢，就可以看出他至少應該是四十以外的人了。這個先生姓周，幹這個賣買還不滿一年，據說手裡已經多了六七萬元錢，照理他應該是頭等妓院的客人，但是他嫌頭等班子太拖泥帶水，沒有二等班子那麼乾脆，而且二等班子的姑娘也並不比頭等班子差。就像「月月紅」那樣的姑娘，有那一點不勝過人家呢？

那位先生除了自己名字之外至多還認得幾個數目字，而李麗卻比他識得多些；這也是使這位先生更加顛倒的一個原因。「這麼個地方居然還有一個女學生在裡面，那真是了不得的一回事！」李麗也因為這一點，把「月月紅」的身架更加抬高了。

從此以後，寶鳳班裡的老鴇對李麗也另眼相看了，因為有那麼一個闊客在捧她的場，而且他不但是有錢，他在天津這一帶還有「人」。少說點吧，他手下足有一千多個人；如果有什麼事發生在她的頭上，或者是別人的而他高興管他一下的話，這一千多個人，立時可以動員起來。在普通一件不牽涉人命的事情，他只要嘴那麼一動，就什麼都解決了。因為別人都曉得，這一千多個人是時常出來去應付「非常事變」的，何況那些不動草木的小事兒，還有誰敢去惹他。

李麗曉得他是這樣一個人物以後，就更加曲意奉承，弄得那位先生終日軟化在寶鳳班裡；一星期之中在正太路上竟出了兩次岔子：一次是四百兩烟土被抄，還有一次是兩袋海洛英給人澆了洋油。

一個月以後，這位先生給了寶鳳班的老鴇三百元錢，帶著李麗走了。老鴇原本想靠這株搖錢樹的身上發他一筆小橫財，現在眼前橫著是這麼個人做的事，只有自認晦氣；好在生意並未虧本，還是加倍分紅，對本對利，也就悄悄的把「月月紅」的牌子除了下來。

這位先生給李麗贖身之後，在法國地租了一所精緻的房子作為藏嬌的金屋，而且還大張筵席廣邀親朋。不料毛病就出在這個時候！

因為那天晚上平綏路的末次列車上抄出大批毒物，同時捕獲嫌疑犯七人，還起出好多枝槍。這件極平常的「驚人」案件，完全因為他太疏忽，而在這樣一個偶然的機會裡給破獲了。三百六十五天之中，失風在這一個晚上，這也算是天緣巧合。

審問結果，巨魁是周某，國法不是人情所能通融，一千多個好漢都聞風竄避。滿想一圓好夢的周某，也立時作了拘留所裡的上賓。

李麗原來沒有跟這位先生百年偕老的妄想，只是想靠他一點勢力跳出火坑而已。現在目的既然達到，正在再謀第二次脫身之舉的時候，竟然天遂人願，那位多情的好漢已經不得不離開她了。這也算是出乎意料以外的一件事。

三　李麗麗的誕生

李麗這時候既然早已離開那個黑暗的家庭，而現在又跳出這個女性的地獄，覺得光明已經照臨在頭上；人類應有的自由，這時候才幸福地享到。

她要從新做一個人。李寶珍是早已給他哥哥殺害了，月月紅也從此不會再讓他留在世上。現在的她是另外的一個人，一個新生的人！她將要做出無數女性所不敢做的事，她要為歷古以來千萬萬墮落在火坑裡的女性報仇！

她決計先上學校去。她自己起了一個名字，叫李麗麗。她安心讀了半年書，在她種種環境的阻撓下。總於辛勤地讀完了初小四年級的課本。

那個時候，她每星期上「聖絲蒂芬教堂」去做禮拜。她上教堂的原因，並不是為了人世的煩惱，想進天國去，也不是別個宗教徒所希求的那些；不過是為了動人的批亞娜和一片從聖處女嘴裡所唱出來的讚美詩而已，有是，她便做了那裡常去的賓客。

第三個禮拜開始的時候，她發現在男人坐列的第七排上有一個年輕的人，時常在注意她。這原是一件極平常的事，她也並不以為意。但以後每個禮拜總在那第七排上見到他，而他的神情又彷彿是在期待一個人給他講話似的；暗示的眼光時時從人叢裡閃爍過來。而青春的電波也總於交流在一起了。第四個週末，一個月不到的第二十八天的早上，她們已經散步在聖絲蒂芬的近郊了。

李麗的羅曼史就是這個時候開始的。這個少年人姓林，原是福州人，因為已經兩代移居太原，所以，也可以說是山西人，父親是正太路上的一個小站長，因為懂得扣尅，在腳夫身上每天抽一毛錢，同時還聯絡了「私販子」偷運毒物，所以雖是一個百來元薪給的小站長，家裡的動產卻有四五萬。

他也算是一個有產階級的子弟，所以他的父親也每年花了很多錢給他兒子到天津洋學堂裡來讀書，原想他能用功一點，將來有一點出息，但可惜兒子每每不是他父親所理想的那麼一個人！他只是每學期繳足一筆學費，把學校當做寄宿舍。其餘的時間都用功在各種玩藝兒上。他上禮拜堂的原因也不過是為了有一個較長的時間可以看到很多的女學生而已。

這時李麗還不懂得戀愛的技巧，她只有一顆赤誠的心。她覺得姓林的很愛她，而自己也覺得那個人並不壞。在數度談判下，他允許和她結婚以後，再讓她回到學校裡去求學，於是他們一同離開天津到山西去。

四　永遠是茶花女型的悲劇

不論那一件婚姻，好像都要經過一點波折；尤其是年輕人自己作的主，十件之中有十件是要受到家庭反對的。李麗這一對自然也不能例外。

她懷著燦爛的希望，計算著幸福的前途，愉快在每個感覺上流露出來。她真將成為「邱比特」箭下最幸運的一個嗎？不，她也是「有志者事竟不成」中的不能例外的一個！

原來姓林的父親就早曉得李麗的底細，自己雖然也不是怎樣好出身，但現在總究是一個在地頭上數得起的站長，何況兒子還有著無限的前程，怎麼能娶一個班子裡的姑娘做媳婦呢？不成，無論經他兒子怎樣要求，還是一個不成！

姓林的這時對李麗的意志雖然有些動搖。但當初究竟向她起過山盟海誓，現在怎能立時反悔呢？何況已經把她帶到自己的家裡，就是為了對外的體面計，也必要向父親抗爭一番的。結果由親友出來調解，允許他們將來有結婚的希望；但是有一個條件：需要等他到大學畢業。李麗在此時期中可留居在他們的家裡，但一切需要服從他們父母的命令，好好地等他兒子畢業以後來完婚。這意思就是把他們分開來，看李麗在這悠長的五六年中（因為那個時候姓林的連中學還不曾讀完）是否能夠安分守己地在家庭裡過日子。

李麗這時候還有什麼力量可以提出抗議呢！而不知他們還有一個更毒辣的計畫，就是把兒子一直送到外國去，使他們以後連見面的機會也沒有；同時也估量到年輕人是不能在這麼一個陌生的家庭裡孤獨地守著漫漫的歲月，如果有一些不對的地方，那時候兒子已經在外國，諒她一個人也沒有什麼力量，就可以叫她走。也許那個時候要留住她，也不會再引起她六年以後幸福的夢想來。

一切條件都答應了，姓林的聽李麗原是一個班子裡的姑娘，心已灰了一半；現在父親還暗地允許給他一筆大款子送他到「法國」去，更加把李麗抛到九霄雲外了。他現在所打算的只是自身的利益，憧憬著海外的新天地。法國不是有更多更美的女子嗎？何必為了一個低賤的她，來抛棄自己無限的前程呢？

他一面向李麗敷衍，暗地裡卻早已和父母同謀，計畫著在他走後，用怎樣一個方法，可以不花一個錢，不負一點責任而使她自己出走。李麗是始終蒙在鼓裡，她還虔誠地期待著六年後的一個快活的日子，不曉得黑暗的陷坑已經掘好在她的前面。

姓林的終於撇下她走了，孤獨地遺留她一個人在這陌生而含敵意的家庭裡。她鍛鍊著舊家庭中「養媳婦」那種殘酷的容忍！六年的時間雖不短，但是她必須堅定地在這寂寞的歲月中捱度那無盡的長夜；因為心頭究竟還有一點光明燃起在黑暗的盡頭！

幾個月很快的過去了，姓林的始終沒有一點安慰帶給她。連一個到了什麼地方的消息也沒有。這是使她日夜不安的一個最大的原因，而他們對她的冷漠的態度，也使她憂慮到眼前這種守待，將會是一個毫無代價的犧牲！

過年了，一家人都快快活活，只有她一個人憂鬱在心頭，「每逢佳節倍思親」，看到人家的家庭，想到了自己的父母，看了別人的愉快。反映到自己的悲哀，在他們故意想刺激她而渲染得特別歡樂的環境中，她也有心扮著漠然的神情，陪著他們裝笑臉。

事情終於使她在姓林的十二歲的小妹妹口裡聽到了他真實的消息。她一切都絕望了，使她連悲傷的心緒都拋開了。但可憤恨的是，為什麼要設下這麼一個計策，叫她捱受在難耐的牢籠中？——做過娼妓的女子難道就永無抬頭的希望嗎，連一個自新的機會也不給予嗎？

她毅然地和姓林的父親開談判，願意像他們所擺佈的預謀，不必負她一點責任，也不要一個錢，只要叫他們同意給她自由地離開山西，這正是他們意想中的希望。一個父母代兒子揀選一個善良的媳婦，原是不錯的，但是這位太存偏見的父親，卻無形中毒害了一個正想向上的少女，流入個歧途上去，也使她影響到以後對於男子的真誠，存著沒有一個是有誠意的偏見。

她茫茫然離開了山西，這一次所受的痛苦，她比在妓院裡所感受的還深！她必須爭回這口氣，假使有機會給她的話，她也要到法國去一次，不要周遊全世界，比姓林的更見識得多些，更有造就些，總於也有一日，要使這個負心的男子，愧然俯伏在自己的跟前，懺悔他過去的罪愆！同時要使他的父母懊悔從前的深謀遠慮；只是增加他現在對兒子的疚愧。

她沒有痛苦，也沒有哭泣，只有加強了意志，要做一個出人頭地的女子，欣然向著人生的坡道行進。

五　流浪復流浪

她離開山西，茫茫然的一片前途！走向那裡去呢？再投到母親的懷抱裡去嗎？說不定有第二次被押賣的可能，回到天津去呢？萬一姓周的從牢獄裡釋放出來，不是自投了羅網嗎？如此只有揀一條新的路走，一條沒有人認得「月月紅」的地方去——她想起了哈爾濱，一個比天津繁華，而沒有上海那樣多的罪惡的一個地方。

中國有這麼多的地方，她為什麼單單想到哈爾濱？這也有一點小小的原因在裡面，這一個小小的動機，也就是她將來在上海獲得一九三五年舞國皇后的張本。

因為她想到，讀書對於她，雖然會有成就，但是找不到一所國立的免費學校！現在連生活都成了問題，那裡還有一筆多餘的教育費；而且在這樣的一種飄搖靡定的狀況下，誰也不能按住了衣食的憂慮，埋頭於書本上。她現在所想的是怎樣生活？所謂生活，倒並不是單指衣食住，如果一個人只需要毫無標準的飽暖安息，那麼世界上也早已少了許多紛爭，因為人總有那麼一點奢望。沒有一個人不想過一個舒服日子；就說是一個早已拋開紅塵凡念的尼姑吧，她們也何嘗不想找一處名山蘭若，天天在竹園裡掘幾枝出芽的嫩筍煮他一碗筍羹吃？何況是一個「六根未淨，五蘊不空」的剛踏進紅塵的孩子，你說她心頭上能沒有這麼一點活念嗎？

她曉得哈爾濱有許多職業婦女，尤其是出名的俄羅斯的歌舞女。一個女子如果能懂得那麼一點技巧兒，就算你不預備表演到舞台上去，但有機會的時候，能單表演給一個男人看，你已經有了辦法。於是，她就決計到哈爾濱去。

李麗的個性，一個脆弱的；但也是一個堅強的。她只要有一點動機，就立時想去實行，從沒有想到困難兩個字。做了再說，碰了壁重做，有許多總是僥倖成功了，有許多她也深深地嘗到了教訓。但她那種堅定而又盲動的性子，雖失敗到幾十次以上，還是不改。這是她的短處，同時也是一個平凡女子所不能及到她的一點長處。

她不想想哈爾濱是一個遼遠而又陌生的地方，便欣然就道。雖然她後來成名在舞蹈上是只憑了那時的一點動機，但是這一次，她又是從那面帶回來一個創傷的心。又是一次失敗。

哈爾濱到了。她朝著這個陌生的都市望了一望；應該到那裡去呢？建築物是陌生的，路是陌生的，連人都沒有一個不是陌生的！她木然立在碼頭上被一個旅館的接客員送到了旅館。

她開始有些惶惑起來了。她先叫侍役去買了一份新聞紙來，看看有沒有跳舞學校那一類招生廣告，或者是私人教師待聘的告白，尋來尋去都沒有。找茶房來問，也不曉得有這種學校，只知道有許多跳舞場，她懊悔事先不曾打聽一下，同時焦急著身邊的僅餘四十元錢。

這一夜，哈爾濱多了一顆憂鬱的心，一顆像游絲一般的飄忽的心，在瓦斯燈下的鋪道上彳亍著。

第二天的清晨，這顆憂鬱的心散步在「哥薩克騎術學校」的圍場旁。她不禁有些神往；看著四蹄飛揚在沙土裡，她的心也跟著活躍起來了。木板的校門口，釘著一塊告白，一塊訓練女騎師的告白，她進去報了名，她要求能住在學校裡；善意的教師特別給她免費借宿在「騎師總會」裡。

隔一天的早晨，哥薩克的跑道上。多了一個小心翼翼的年輕女騎師——一星期之後，已經看見她獨自的在放蹄了。

她真有志願做一個女騎師嗎？當時雖然也許有過這麼一個意思，但現在她有點知難而退，因為要成功一個騎師，是需要太多的條件；這太多的條件，她沒有一件能夠做得到，然而教師們偏不放鬆她。從天剛亮的五點鐘開始，在哈爾濱嚴寒的氣候下，踏著未乾的白霜，她要跑完圍場五次，由怎樣「起步」學到「裡外擋」，「怎樣搶先」和「最後四百碼。」天天在這個　定的時間裡，練完這幾種動作，漸漸地也感到有些興味，進步也漸漸加速了，而膽也大起來了。

在某一個清晨，她練完了許多課程，乘著餘興，竟偷偷地去試「跳浜」。照步驟她至快再要兩個月以後，才能學到跳浜，而現在她竟為了一時的高興，和過分的自信心所驅使，作了一次冒險的嘗試。

她挾著坐騎從六百碼外面飛騰地過來，將到浜欄的前面，她熟練地把韁向上一提，馬立時一躍地過去了，但在馬背上的她，因為驟時失卻了重心，人就從鞍子上直落下來。沒有了知覺，也沒有了痛苦！

當空馬跑回去的時候，才被人發覺浜邊有一個受傷的人，趕緊送到了醫院去，幸虧傷勢還不礙及生命，但至少也須兩個月的靜心調養。

這是哈爾濱著名的一家私人醫院，這位院長不但在醫藥界上有甚大的名望，就是在社交界上也有著相當的地位。哈爾濱的一班要人闊人們的太太小姐，有什麼感冒胃弱或者擦傷了皮膚，沒有一個不是這位大夫去調治的。

李麗從送進了醫院以後，到第二天早晨才清醒過來，睜眼就看見那位蓄著一撮整齊小髫鬚的院長，在靜靜地瞧著她，笑容霽開在小鬍髭的臉上，輕緩而帶安慰的聲音向著李麗：「你已經沒有危險了，只要靜心的調養就得。記住了不要有什麼事刺激你的腦子，因為昨天這一交，險些把你這小腦子給震碎了！有什麼事可以告訴看護小姐。」

三天以後，李麗得到醫生的允許，可以坐起來了。腦子雖然已經渡過危險；但是右耳的創傷還是很沉重，此刻正用紗布連頭帶耳給紮住了，聽話雖然不方便些，但是眼睛卻很自由；她用微弱的眼光向病房裡溜了一個圈，看見對床的窗前放著一籃玫瑰和一籃康納馨。繫在花籃上的一張卡片，告訴她那籃康納馨是「哥薩克騎術學校培基洛夫」所送的。而那籃緋紅的玫瑰，那看護小姐俏皮地笑了笑。

「那是我們院長送給小姐的。」

從此每天有一籃新鮮的紅玫瑰按放在她的床前，玫瑰花在酷寒的哈爾濱是一種奢昂而高貴的花朵，因為那面的氣候是最不宜於培植玫瑰的，但為了供應給高貴的社交界使用，花匠們是擔著多少小心用炭火焙著一個暖房，催促著玫瑰開放。

她向這籃玫瑰估著價，至少也得四元錢。為什麼呢？醫生要每天送一籃花給他的病人？敏感的心，馬上照出隱在花後的那位送花人的思想——霽開在小鬍髭上的笑容啊！

兩星期以後，她可以自由行動了。病狀的轉好是超出了理想的速度，但這是病人所理解的，因為院長每天親自早晚兩次診治，無論如何是比普通病人每天只得到一次平常診治的痊好得快一倍。

再有一個禮拜她可以出院了，她一面高興，同時也耽愁！一筆鉅大的醫藥費到那裡去打算呢？她恨培基洛夫，當時也不給她打算一下，十二元錢一天的病房，外加不曾知道而可以猜想得到的一大串昂貴的手術費、醫藥費，和每天的巨量補品費。天哪！

六　又是一個幻滅

晚上，院長照例在八點鐘的時候，親自來看她一回，李麗想著捱近來的出院期和無從打算的一筆醫藥費，用著游擊戰的方式，把那位善戰的醫士困住了。

「Rose：你出院以後再不可回到培基洛夫那面去，女孩子對於那種劇烈生活究竟不大相宜。Race Club裡給你去住也有些不相宜，因為俱樂部裡那裡會有一個安靜的時間。」

「但是你是知道在哈爾濱我是沒有家的！」李麗這句話帶了一點輕微的嘆息。

「為了我的一個所敬愛的病人，我早已替她預備好，如果不嫌冷寞，有一所小別墅是很合你靜養用的。」

照例，李麗至少還須兩星期才能出院，但現在為了院長的特許；在那晚隔兩天就出了醫院。從此哥薩克騎術學校的跑道上見不到她的人，騎師總會裡也失了她的縱影，那裡去了呢？連培基洛夫都詫異起來了；誰也不會想到這朵紅玫瑰被偷偷地移植在一處私人的花圃裡。

他告訴她：妻子在三年前死了，到現在還是孤獨地一人，因為死去的妻子太美麗了，正像你；叫我那裡去找第二個？但現在有了你，我的缺憾，也許可以彌補起來了。

李麗也想到，眼前的花言巧語是一無事實保障，如果真心相愛，應該有些真誠的表示。但是他也表示了；說現在先籌備起來，決定在下一個月舉行婚禮。

一個月很快的過去了。如果向他問起結婚那回事，小鬍髭上霽開的笑臉，分明看得出是在敷衍；而此後不但是隔一天，時常還三四天不見面。從李麗逼緊問他確實的善後以後，就絕跡了一個多星期。

她沒有辦法，只得尋到醫院去。看護說：他也有一星期沒有到醫院。她又向看護那裡問到了他的住址，就鼓足了勇氣去一次。但是到了門前又有些猶疑：假使他自己躲開了，叫一些家裡人出來，我將怎樣說呢？

頹喪地回到家裡，想了一整夜，還是應該去。那一天早晨，哈爾濱下了三寸多厚雪，一座四輪馬車在「曼衾娜糖店」到了那醫生的往宅。李麗挾了一包巧格力在雪下按著鈴。門開了，一個老媽子把她招待進去。李麗把來意告訴了。可是出來見客的是一位夫人，李麗也猜到了事實的底細：這就是她丈夫所說的三年前已經死去的妻子。就推說因為受院長的診治，現在已經

七　銀幕上的新發現

她這次在哈爾濱所受的教訓比山西更深刻些！結婚的夢想亦從此打破了。她計算著此後的行程，飄流到什麼地方去呢？難道沒有一個地方允許給她一個永久安息的機會嗎？家庭中既然不需要她做一個賢淑的媳婦，她只有再到家庭外面去討生活。

她必須再經過天津，到那面的時候，身邊只剩了幾元錢和兩只衣箱一個被捲。踏上碼頭還是沒有去處，沒有家也沒有了一切，但天津她比較熟悉，她坐了「國民飯店」的接客汽車到了旅館。

國民飯店在當年的天津是一個數得起的大飯店，單就門前的一個噴水池和足以停放數十輛汽車的大天井，就已經足夠傲視那些倚老賣老的交通，惠中那幾家飯店了；而更值得誇耀的是國民飯店還有「跳舞場」，這在幾家外國飯店以外，在天津算是僅有的一家了！難怪那時一班達官貴人顯宦專員都到國民去開一個房間。也並不一定都是過路旅客，大部分還是聚幾個人作一個俱樂部，抽烟、打牌都方便些；而且樓下還有跳舞場，然最使國民「賓至如歸」的原因，應該要提一提那班促進繁榮的私娼了。私娼雖然沒有一家旅館沒有，但是國民飯店的卻是精華的薈萃，所以國民飯店能夠「冠蓋雲集」就不是沒有原因了。

李麗住到國民飯店去，也不是沒有原因的：她要在這個大飯店裡找一個機會活動。但那時候她身邊只剩幾元錢，差不多只能夠支配一天的用處，好在她還有兩件行李和一身豪華的小姐氣派，茶房因此也沒有向他要付錢。她也就住了再說。

這樣一個單身少女，在這樣的一個環境裡，真是珍珠混在魚目裡；連茶房都用猜疑的目光在時時打探她的底細。說起來這也是茶房找好生意的機會，逢到這樣的單身而又豔麗的女客或者是付不出房飯錢的時候：茶房就乘機而入，給你拉攏一個善價而沽的客人。對女的說：他是過路貴客，明天走了，誰也認不得誰，對男人說：她是的的確確的閨門小姐，或者逕說是某府的第幾姨太，這是難得的機會。不是在此處，你想見一見都很難；出八十一百元就誰也不敢說一聲貴。

那時的李麗，在茶房和一班旅客之中，就被目為是此中人物之一了。

李麗也知道，這是一個危險的環境，所以白天裡就很少在旅館裡，晚上回來關門就睡。但是，這樣謹慎的行動，還是不能解釋這班人的疑問；她這樣早出晚歸的獨居在一個旅邸裡做些什麼呢？

這時候，天津有一家唯一的影片公司，這家公司的董事長是黎元洪氏的公子，攝影場和公司的辦事處都設在黎氏的花園裡。不用說了，公司的資本是相當的雄厚！設備方面，除了原有的一座玻璃花棚改作攝影場外，其他一切都是從新設置，連導演編劇攝影一切人才都齊全，算來算去單少一位女主角。

其實天津也正有不少醉心於電影的女學生，但是大半數被家庭所反對，不准她們「吃電影飯」。那時候的電影界，在一般人的心目中，正像做文明戲的「戲子」。男演員勉強還湊數，女演員真是太少了。別說尋一個女主角困難，說是找一個重要一點的配角都沒有，工作因此無從發展。公司同人有的主張請一位名女伶來擔任，因為她有舞台經驗，表演比較有把握，同時還有一部分的號召力；有的主張請一位交際花來擔任，因為她不會像女伶那樣脫不了舞台上的動作，而同樣有號召力量。但是，結果都沒有成功，他們因了一個女主角的問題足足耽延了一個多月的時間，導演先生卻焦急起來。因為當時電影新興，一切醉心於電影的人，都是為藝術而電影；並不是為生活而電影。所以比較單為依此而生活的人更興奮，就親自出去到處訪尋。

說來也是湊巧，李麗因為白天沒處可跑，常到離開國民飯店不遠的法國公園去散步。這時候，生活正煎迫著她。坐在公園裡，手裡拿著一本書；她一個兒坐定了，翻開書來看一篇，一回兒又覺得按不了神，站了起來去走了一圈，看著小孩兒打鬧，不覺得也笑了一笑。但想著了生活的困逼，不禁又愁眉雙鎖！

這種動止靡定，憂樂無常的神情，她自己是並不覺得。但是：卻給一位正在尋覓一個表演天才的導演所瞥見了。這正是他們所訪求不到的一位最合理想的女主角。也顧不得冒昧，就走了過去向李麗談話。

他向李麗說明了來意，和請她擔任女主角的一番話後，李麗以事出突兀，躊躇起來了。那位先生看李麗有些猶疑，立時又補充一句話：

「如果肯蒙小姐應允，我們那兒除了汽車接返外，每月再送一百元錢給你作酬勞。」

李麗對於這個意外飛來的機會真有些受寵若驚。平時雖然也欣慕銀幕中人的生活，但是電影是怎樣做法，她是一些也不曾知道。不用說親身的經驗；就連聽也不曾聽得過。她耽心著：這位冒失的先生別當我是內行，還是預先向他聲明一下，免得以後麻煩。

「先生的意思，我完全接受。可是，我從前沒拍過影戲呵。」

「沒拍過沒有關係：你那種自然的動作，和天賦的表情，已經足夠做一個大明星了！現在請不必猶疑，快到公司裡去訂一張合同吧。」說著拖了李麗就走。

李麗得到這個機會，真是連做夢也不曾想到過。從那天起就遷出國民飯店，茶房和一班好奇的旅客看見李麗搬走了，同時還有兩個當差模樣的人和一個汽車夫來接她，看著她坐了一輛福特轎車去了。疑問不但沒有解決，反而加深了，有的說：這汽車分明是黎公館的，別是他們的小姐吧？有的說：不像是小姐吧？一定是接去做新姨太！

於是，李麗開始成為銀幕上的人物了。

這工作使李麗漸漸感到深一層的興趣！可是更討厭的是拍戲的時候，玻璃棚裡站著許多閒人，真使她怕羞向那個男演員做「撒嬌」的表情。

有一天，是拍一位女學生受了那個負心的情人所欺騙，憤然把那個男人打了一記耳光的一場戲。她飾女學生，另有一位自命不凡的漂亮男演員飾她的情人。這位男主角一身風流氣派，平時一說話，張開嘴就看到兩粒金牙，常常在暗地裡向李麗存著壞心眼。這一天也活該是他倒楣，導演先生把劇情向他們兩人說了以後，一聲開麥拉：李麗起初是伏在床上哭泣，到後來回身向那個男人打了一記耳光。她有些顧忌，不敢重重的打，導演先生認為表情不夠，NG，重

八　新的希望

電影公司停頓以後，她也只得另謀出路；不過對於水銀燈下的生活，還是相當的憧憬著。在這一個時期裡她就時常去看電影，什麼蝴蝶、平安、明星、皇宮那幾家戲院，跑得很熟。她心裡頂嚮慕的女明星是楊耐梅、殷明珠、王漢倫、徐琴芳、黎明暉這幾個人，因為這五個人在銀幕上造出了五種不同的典型；尤其是楊耐梅，她更愛好，也許是和她的性情相近的原故。她時常看了一部片子回來，就背著人在摹仿表情，同時也把銀幕上的服裝給仿效下來。那時候黎明暉剪了「筒花頭」的髮式，她也就去剪了同樣的一個式子。總之，她那時候的心理，正和一般電影迷的舉動一模一樣。

那時候她也很想到上海去，因為許多影片公司都勃興在上海，而所謂大明星之流，也都出在上海。可是同時她又聽見別人說：要進上海的影片公司，可沒有天津那麼容易。他們得先要考試一下：第一，你要有大學程度，上海電影明星沒有一個不是大學生；第二，你要具備各種技能，騎馬、開汽車、游泳、自行車、跳高、打網球、划船，還要會打拳，缺一樣都不成。有了這許多技能還不夠，你還得會「內心表情！」

聽了這許多話，心就冷了一半。第一，自己不是大學生；第二，除了騎馬、划船、自行車之外，別的就不會；至於「內心表情」，那簡直是有一點神祕的意味了。總之：上海人才太多，要踏進這個圈子裡去，一定不是容易的，除非現在先學好許多技能，等有機會的時候再去嘗試。

有一天。她在明星戲院看到梁賽珍主演的一部武俠影片叫《海濱豪傑》，是上海一家新開的「海濱影片公司」第一部出品，使她到上海去的心又熱了起來。因為這本影片在當時一般平庸的武俠影片中算是傑出的一部！裡面大部分是應用了騎馬！梁賽珍在那本影片上顯出了嫻熟而驚險的騎術來。她心裡就躍躍欲試，把在哈爾濱跳浜時候摔了一交的危險都忘了。同時，在那張影片的說明書上，還刊著「海濱影片公司招請女演員」的廣告；不需要大學生，也不一定要具備許多條件，只要身體健美、面貌秀麗、動作活潑、家庭允許，能為藝術而犧牲者，一例歡迎。

這些條件她相信那及格。回到家裡就揀了一張最合意的照片，另外附了一封信，用雙掛號寄到上海江灣路五百十五號海濱影片公司。她想這一次多半有希望，就天天望著上海來的回信。

李麗把信寄出以後，等了半個多月，竟是音訊杳然，一顆為藝術而沸騰的心，這時又冷了下去。

不料這時候她母親又尋了來。李麗看著她母親一番傷心的樣子，把往前的怨恨都抹消了。這時候她三個月工作得來的薪金，還藏在箱子裡，想著母女兩人能夠刻苦一點，至少也有半年可以過活；一面就打點行李跟著她母親回到北平去。

豈知回到北平的時候。她哥哥也在家裡。一見李麗回來，竟抱頭痛哭向他妹妹懺悔，說那時候完全受了一班流氓的威脅欺騙，事後還被他們誣害給關到司令部裡，吃了一年零六個月的官司，真是有冤無處伸。她的母親也同時代她哥哥說情。李麗明知說的都是鬼話，但是，事情已經過去了，現在就要怎樣也沒用處，落得給了人情。一家骨肉，母女三人，這時總算又慶團圓。

李麗沒事的時候，常常到中央公園去學溜冰，北海公園划船，或者在「五龍亭」裡飲一壺茶，「拍斯馨」裡吃一頓點心。生活過得從未有過的安逸。這時在中央，北海走走的人，都把這個好動的小姑娘注意起來。

日子過得真快，兩個月的時間，一霎眼過去了。本來李麗打算這三百元錢過半年生活，那時也並沒想到位哥哥又出現在家裡，現在的生活顯然是超出了預算；何況她哥哥每天還要拿零用，她的母親又要從中落一點袋，兩百元錢就在兩個月中花光了。

空下來的時候，李麗也向她母親談起地在天津拍電影的事情，和想到上海去的動機。那位哥哥一聽妹妹要到上海去，就極力在旁慫恿：李麗雖有這個意思，但究竟有些顧慮。上海不比別地方，人心惡，生活高，那面又沒有一個熟人，萬一影片公司考不進，那時候怎麼辦？她哥哥說：「上海真有辦法，到成鋪著黃金，只要你有本領，隨時就發財，生活雖然高一點，但是賺錢也容易。就像我那面有個朋友，他們一家五口只靠一個女兒在外面交際交際，生活就過得非常舒適！」

李麗聽他上海有朋友，心也有些動，她哥哥又說：「如果真的去，我們可以住到那個朋友家裡去，每月貼他們一點房飯錢，也不算打攪人家。同時他們的女兒一定會給你許多幫助。老實說：只要一個月，你就可自己打天下了。」

李麗對於她哥哥的話，總不敢十分相信，好在自己不比五年前的時候，就想再出什麼壞心眼，也不會讓他擺佈，能夠有他領到上海去，沿途上究竟也多一點照顧，何況上海還有熟人，比單獨去究竟穩當許多。她哥哥為要使李麗堅信起見，還特地把那個朋友在上海寄來的信給她看。寫著清清楚楚的地址：上海法租界貝禘鑾路美仁里十一號。李麗這才打定主意到上海去。

這時李麗還多著一百元錢。如果到上海去，也只夠兩個人的旅費，家裡的生活費就不得不另外設法了。不得已把指上的一對翡翠戒子叫她哥哥去當了一百二十元錢，交給她母親六十元錢作家用，說定上海如果一有辦法馬上再寄錢回來。

兄妹二人就此乘了太古船的統艙到了上海。李麗原想路上有哥哥照應，一定比往前自己單獨出門舒服得多，不料船遇著風浪，加上她哥哥又貪吃了一點酒，還坐在箱子縫裡在跟人「叉麻雀」，吐得滿地狼藉，牌局因此打斷，而李麗給她的五元零用錢也同時用完。

九　鍍金的上海

到了上海，她們照著地址尋到了貝禘鑿路美仁里。李麗在北平聽她哥哥高談闊論的時候，真以為那面一定是一所了不得的大房子，不料是這樣一所偪促的屋子，比起北平的住宅來，真像是一具白鴿籠子了。現在到了那裡也只得「來之則安」，好在原不希望永久住在那裡的。

十一點鐘的時候，那家女兒姚小姐起床了。介紹之下，也很說得來。那位小姐因為李麗出落得美麗大方，所以也特別獻出主人的殷勤，從此結下好朋友，到後來還訂了「金蘭之交」。

李麗的目的是先到海濱影片公司去問一個訊息，到底還是照片不曾寄到，還是不錄取？急急地就叫了一輛雲飛汽車到了江灣路，原來海濱公司就在持志大學過去一點的一所大洋房裡。到了那裡由門房去通報以後，領她到了會客室，一個姓莊的幹事來接見，據說：由天津寄來的照片早已收到，因為照片上看來似乎年齡太小，而且人又在天津，所以沒有寫回信，現在既然來了，待我向導演去說，讓他來和你談吧。

姓莊的去了一回來說：導演正在開劇務會識，恐怕一時沒有功夫可以接見，叫我把你的住址留下，改一天再來順便帶一張最近的相片來。

李麗因為心急，想約定明天再來。那人說：明天星期六我們停止辨公，後天星期日也休息；你還是禮拜一下半天來吧。越是心急，越碰到兩個休假日。只得到禮拜一再來碰運氣了。一面就留下了地址。

歸途裡，想著自己被錄取以後的情形，覺得未來的日子真是太美麗了！那時候，不但有了錢，自己的影容笑貌在銀幕上還給千萬人崇拜著，李麗麗三個字到處給人傳誦著！是何等的偉大啊！

十　重重的打擊

禮拜一的下午，她很早就到了海濱影片公司，那位經理而兼導演的朱先生見到了，同時還有一個女明星在那裡。這位女星，李麗認得出曾經在《海濱豪傑》一片中大顯身手的一位俠女郎；但是名字生疏得很，一時也記不清楚叫什麼。她正在全神貫注地傾聽朱與李麗談話。朱認為李麗確是一個可以造就的人才，就把她錄取了；同時拿出一張志願書給李麗，叫她簽名，另外還給了她一張保證書，要李麗尋一家商店擔保。這使李麗為難了。初來上海連一個熟人都沒有，那裡去找店家擔保呢？結果，朱以通融辦法叫李麗隨便找一個人擔保就好；因為每一個演員的手續都如此，否則，她們萬一中途退出，影片拍至一半，那筆損失到那裡去求補償呢。

李麗回到家裡把經過告訴了姚小姐，並且懇求她做保人。那位小姐聽李麗居然給考取了，也高興得很，就一口答應做保。

事情好像成功得太容易了，過三天就要到攝影場去開始工作。這是一部新的劇作，朱導演告訴她那部影片叫《美人劫》李麗飾的是一個百萬富翁的女兒，因為她美麗而有錢，所以引起了不少人的覬覦，遭遇了無數浩劫。自然裡面是少不了羅曼史的，這一個女主角是要以多種不同的姿態出現。假使能照預擬的理想做去；而又能做得很成功的話，那麼三個月以後，明星的頭銜是毫無疑問地獲到了。這一夜，她幾乎連睡也睡不著，等睡著的時候，夢裡已經開拍影片了。

第二天她很早就起來。剛吃完早點，那位姓莊的幹事來了。李麗以為是來拿保證書的，不料那人說。因為這部影片公司預備五萬元錢去完成它，至少要經過三個半月的工作，而劇本的重心都集中於女主角一個人的身上，假使那位女主角中途發生甚麼意外，或者因為拍片工作過分艱苦，而不願幹了，這幾萬元錢就此損失了，而許多人的心血亦無從去覓代價。所以昨天晚上公司特地為了這事開會，討論結果一定要請李小姐尋一個連環舖保，萬一中途退出，或者因為別種意外而使製片工作停頓，那麼所有的一切損失都要由擔保人負責賠償。

這一番話把李麗早先所有的一點希望都消滅了。「難道昨天朱導演所說的話都不生效嗎？他們明知道我尋不到一家店保，今天反而要兩家店鋪連環保，這分明是有意為難。……」氣得李麗連話也說不出來。其實事實是這樣的，那天李麗去的時候所見到的一個女明星，她母親原是海濱公司股東之一，她想利用朱導演把女兒造成明星，同時也想把女兒嫁給他，那時候公司就完全是她們一家的了。但因為朱也並不容易誘惑，反而極力向外面發掘新人才，所以對於李麗之錄取，就想設法破壞，暗中命姓莊的對李麗施以難題，使李麗自己知難而退。李麗那裡會知道其中有如此曲折的糾葛，就是那朱先生後來也以這個極好的人才不來了，惋惜了好久。

這一個意外的失敗，是她萬萬想不到的。事情只隔了一夜，一個極完滿的理想，就完全被毀滅了。她細想這件事情的經過，真是找不出一個變故的理由來。這分明是因了別種原因，借了這個萬難辦到的難題目，叫她自己引退，就是找到了兩家連環舖保，那時候也難保不發生其他的變故。啊！上海真是一個人心險惡，信用掃地的地方！李麗也不向他再求第二個通融的辦法，因為她明白這於事實是毫無裨益的，就把保證書交還那個姓莊的。她正想向他索還昨天簽好的那張「志願書」，不料那個人卻已經拿了出來，他們有意要悔約的心，於此亦更明顯而李麗第二個「銀色的夢」就這樣又成幻滅！

經過這樣一個意外的挫折之後，李麗已失卻再向第二家電影公司去投考的勇氣，她只覺到上海這地方，一切都是黑暗，她要馬上回到北平去，趁現在錢還不曾用完的時候，免得將來要回去的時候，連船費都沒有了。

她把這意思告訴她哥哥，這也是出乎她哥哥意外的事，因為他本來想借此到上海來玩一次，現在只幾天功夫就要回去了，自然也很使他失望。結果，他向李麗要求給他一點錢，讓他留在上海，好找機會尋事做。李麗想著帶他回去以後還得隨時預防他發生什麼意外，反正回去也得出船費，就留了二十元錢給他，同時也貼補一點房飯錢給那位姚小姐。在第二個禮拜三的下午，仍舊乘那條來的太古船離開了上海。

求生的意志因種種的打折，使她愈加堅強起來。也因為不幸而有這種哥哥，使她對於家庭的重負，不得不單獨地承受下來。但是，一個女子要負擔這麼一個家庭，應該找尋那一種職業才能供養呢？在女子薪給特別低落的眼前社會，她是無法謀取一個相當的職業，因為她連打字、抄寫等等一點普通技能都不會。自然像電影明星，那又是另外一種職業，而這個希望現在也消滅了！紛亂的思緒在驚風險濤的行程中一直到了天津。

十一　五〇二號的奇遇

天津又到了，照理她可以去趕火車回北平的。但是，她早已決定，她不能再安靜地住在家裡，她要向外面去求生活。於是，她沽車到了「交通飯店」。

事情的巧遇，在她一生的歷程中，真是枚不勝舉，就像她現在所逢到的就是其中之一。當她踏進交通飯店電梯的時候，有一身軀高大著漂亮軍裝的一個軍人和她一同到了五層樓；原來這個軍官也是由上海乘那條船到天津來的，適巧也到交通飯店來投宿。於是兩人就不約而同地在電梯裡的短短一瞥的行程中相值了，而那天旅館裡又只空了五〇一和五〇二那兩個貼鄰的房間，這兩個人就各自住了一間，李麗住的是五〇二號，那個人佔去了較大一間的五〇一，奇遇也就這樣開始了。

那晚上，茶房拿了一張卡片進來，說是：隔房呂處長要來拜訪，李麗接著那卡片一看，寫著：「瀋陽××××××××副官處長呂××」，心理也料定這拜訪決非善意。

十二 賣買式的戀愛

這位處長，好像並不懂得在女人面前應有的禮貌，雖然他已經是極盡其能，在裝出謙恭的態度，一回兒卻又回復他原有的「處長」的傲氣。可是，談吐倒很溫文，從互通姓名談到上海，天津，和他到上海去的祕密使命。無疑的，這是一位東北軍中的重要人物，最後他說起電梯中無端邂逅之幸遇，傾肺掏心說出他對於李麗一見鍾情的誠意，要李麗立時同他搬到利順德飯店去住，然後跟他到關外去，給李麗三百元錢的生活費。但他也聲明，他已經是兩個孩子的父親。

對於這種人，李麗已經懂得應該怎樣去對付。她知道如果現在不答應，說不定就會禍生眉睫，就虛與週旋，答應同到關外去，但是不允當晚就搬「利順德」，此外還有兩個條件，在瀋陽一個禮拜以後先給她回北平一次。在沒有啟程之前先給五百元錢代李麗還債。那人完全同意，一件愛情賣買就此交易成功。

李麗原想不到世上有這樣大膽而冒失的男子，人還未曾認清就提出那種獨斷獨行的要求；好在李麗也正想找玩兒，就將計就計了，給了那個軍官一個意外的失敗。

為了李麗不允他在旅館裡的時期有顯著的行動，那位處長，在天津原定有一個星期的勾留，現在竟立時想回到瀋陽去。

第二天中午，他邀李麗到「紫竹林」午餐，告訴李麗當晚乘萬國通車回去，車位已經定好。同時一個裝好了五百元鈔票的信封交給了李麗。五百元錢原是一個不小的數目，但是要買一個女子的心身，可未免又嫌太少了！錢已經到了手，此後的局勢倒很難應付？想著為了要懲戒一個男子，看女人太像一件交易品那麼容易，是應該給他一次教訓的，知道五百元錢應該慎重一點用。

李麗把計畫打定以後，下半天就到藥房去買了許多種「經痛水」、「烏鷄白鳳丸」那類藥品和一包「衛生藥棉」。在火車裡，雖然同一個房間，但因為李麗事先的「防禦工事」設置周密，使這位勇敢的軍官也只有徒喚奈何。

十三　逃出瀋陽

一路上總算平靜無事。車到瀋陽的時候，他知道一定有人來接，就預先對李麗說好，車到站台的時候，他和李麗暫時分開，恐防家裡人知道不妙，而且同僚們曉得也不方便。李麗下車後獨自先到花園飯店去，讓他晚上再去尋她。

車快到站，李麗預先坐到餐車裡去，看來接他的究竟是那一班人；只見有四五個小孩圍住一個臃腫的女人四周站著許多軍官和馬弁。李麗料定這位胖婦人一定是處長太太！果然那幾個小孩子已經在喊爸爸了。

李麗下車以後，先到問訊處探問到北平車的時間，知道要等明天下午五時三刻才開。她一面先在車站附近的一家亞洲旅社開了一個房間，把箱子裡的一些緊要東西完全拿了出來，然後再帶這些空箱子到了花園飯店，不多時那位呂處長的電話來了，說是要等晚飯以後才能來看她。李麗曉得這一晚上是沒有危險的，因為他必須很早回到家裡去，而值得擔憂的卻是明天的下午。

那晚這位處長因為四面應酬，去看李麗的時候已經很晚了，同時有些醉，也有一些疲倦，只在房裡胡鬧了一回就回去了。臨走的時候對李麗說：「房子已經派人去布置了，你應該可以安心啦！」

第二天吃中飯的時候，他又來了一個電話，說是因為公務羈身又不能來陪她吃中飯，叫李麗自己在旅館裡叫一點吃了吧。李麗回答他：一個人在旅館裡悶得慌，下半天要到街上去走走，同時要買一點零星東西，問他什麼時候可以有空陪她出去。這自然是故意刁難他，明知道是不可能的事，但是不如此如何能夠金蟬脫殼？

然而事情也有出乎意料的，原來他一定要派一個侍從來陪她出去，這多少是礙手腳的，但是李麗也沒有理由可以拒絕他。

兩點鐘模樣那個侍從由茶房領了進來，李麗卻早已預備好等著。就由他領著出去，在街上到處看看到處望望，無非想把時間捱延過去，到四點半的時候，她故意去買了許多水菓和罐頭食物，這些東西就足夠那個侍從費力的了，李麗一面就給了那人十元錢，叫他把東西送到旅館以後回去好了。那個人拿著這份重賞以後滿心歡喜地稱謝回去，李麗等他去遠了以後，趕緊坐車到車站，順便先把寄放在亞洲旅社的東西拿了出來，買了一張二等票，就此逃出瀋陽城。

十四　魚兒上鈎來了

她勝利似地回到北平。不料到家裡的時候，媽媽不知去向，家裡已經換了人家。她趕緊找到房東那裡據說：已經搬到東單牌樓米市大街北京公寓去住。李麗也沒有辦法，只得再尋到北京公寓去。公寓自然不宜於住家，但現在房子已經給別人租了去，就要搬回去也沒有辦法，只得住一住再說。但從此她就過了一年半的公寓生活。

那時候，她終天無所事，仍舊做了北海和中央公園的長遊客。晚上，看看電影聽聽戲，「東安市場」又近在咫尺，所以也時常去兜兩個圈子，買一點小吃，高興時候到球房裡找女招待們伴她打幾盤「檯球」，生活異常過得去。她是早上沒事做。北平頂行的是唱戲，沒有一個人不會哼幾句，公寓裡就有許多人，每天有教戲先生給他們來「吊嗓子」，她也就挽人去請了一位老師來，每日早上來給她說一段戲，一齣《六月雪》不上一個禮拜已經可以上胡琴。老師說她真聰明「周家的那位大少爺，三個月教了一齣《慶頂珠》，字眼兒還沒有你那麼咬得準！」

那位老師時常在李麗面前提起那位周少爺。原來那個姓周的家裡頗有一點錢；他的父親是一個銀行家，兩個兒子也都在銀行裡做事，一家人都喜歡唱戲，老子唱鬚生，大兒子唱青衣，小兒子會拉胡琴，家裡又備著一副「場面」，晚上集許多朋友，拉拉唱唱儼然像一個家庭堂會。這位教戲先生也就湊在他們家裡做上賓一般，為了有一門闊徒弟所以逢人就提，就像他常在周家盛讚李麗一樣：「我那位女學生可真了不得，我只教了兩個禮拜，已經唱得字準腔圓，真是了不得，了不得！」

於是，那位周家少爺對於這位師妹的印象也就特別深，頗想有一個機會認識她，不時在老師跟前說起，把他帶到家裡來玩。老師也很高興為這事奔走一番，幾次對李麗說，那時候李麗的心裡正是感到寂寞的時候，現在既然有人要跟她做朋友，自然也很高興，但等見面以後，原來早就在北海，中央見過多次，不過當時沒人介紹，現在一見面就好像熟朋友一般。從此過從漸密。後來那位老師不知道是偷懶呢，還是故意要把她們倆拉在一起，竟提議每天叫她們兩人在一起學。為了姓周的白天裡在銀行辦公，只能晚上學戲，於是每天下午五點半鐘他把李麗來接得去，在他們家裡吃夜飯、學戲，風雨無阻地有半年之久，李麗便又開始來獵捕周少爺的心了。

在這一個時期，李麗差不多時常和那個姓周的在一起，而男朋友也逐漸由彼此的介紹多了起來。平時除了早晨和晚上的睡覺以外；時間可說完全應用在交際上面，逢到星期六星期日那更不用說，是整日的忙著交際當成工作做，而生活也稍會有些解決辦法。年輕人的個性都愛找新鮮的玩，北平僅有許多去處，但是日久了：不用說中央，北海那些公園，就連頤和園和幾個按期開放的故宮都玩得膩了。後來想著到較遠一點的他方去旅行，隨帶一點東西在那面野餐，就想到了西山和八大處。

這一次他們除了姓周的和李麗以外，遊伴之中另有三對情侶，還額外多了一個單獨的美國朋友，此人至多只廿二歲，據說是在某一個機關裡做醫師的。他具備了美國人的崇奉女人的本性以外，還有一副像英國人的持重，法國人溫和的態度。尤其討女人喜歡的地方，是一逢到女人和他說話的時候臉就紅。再說這個美國人還有一個地方是別的外國人所難得有的好處，就是溫靜。男人有了溫靜的態度，就會給人連帶想到溫靜如處子的那句話；而這位先生據他自己說也確實不曾結過婚，並且連一個女朋友都沒有。但他也有一個怪癖；就是一身所穿的除了襯衫是白的以外，其餘沒有一樣不是黑的。如果照外國人說法，他是一身玄素，或者他應該是一個極虔誠的宗教徒，否則這種衣服除了牧師以外是沒有人穿的。問他為什麼夏季你也穿黑的？她他紅著臉也不給你解釋。逼得不得已的時候只說一句「因為我歡喜」。

大凡有一種特殊脾氣的男人，一定容易給女人所注意。年輕人都是天性的獵奇者，於是對於巴蒲——這個美國人，李麗就特別表示親熱。

那一次他們在西山是預定住過夜的，這是姓周的原定計畫，當戀愛正在成熟的時候，自然要找一個足以傾心作長夜談的機會，愛情在晚上比白天容易滋長，年輕人都知道這個，姓周的設想不能說不好，可惜他錯了一著。其餘的遊伴都不妨事，錯的是不該帶那麼一個標新立異的外國人來。李麗的喜愛，李麗的好奇都移到這個異國人的身上去了。那時候李麗還不會說英語，而巴蒲就會說幾句北平話。這就更有趣！當他說著似是而非，半中半西的標準京話的時候，合座的小姐們沒有一個不笑得前仰後合。巴蒲的談鋒又很健，西洋故事特別熟，小姐們是頂愛聽故事的，而這一次快樂的旅行，姓周的好像單為了那個美國人而設計，懊喪得連話都說不出來。同時還造成了此後巴蒲和李麗接近的機會：巴蒲自薦願意每天抽一個時間去教李麗讀英文。

十五　蝴蝶夫人第二

李麗從此就漸漸被北平人譽為交際花，而北京公寓也就不能再住下去了。否則一個交際花去住在公寓裡，還成什麼樣子？她於是把東單樓鳳樓十號那所精緻的房子租了下來。房子原來是很好，經過布置和裝點以後，格外煥然一新了。從此「樓鳳樓」紅漆雙扉的門前，頓時熱鬧起來。那時候除了一班新聞記者和普通朋友以外；走得頂勤的要算巴蒲和那姓周的。說得明白一點，也就是這兩人在戀愛角力場上明爭暗鬥。巴蒲每天下午一點到二點是他名正言順的教讀時間。下午五時半到七時半姓周的同他師妹研討國劇的日常功課。外表上這兩人的時間分配並沒有衝突，但實際上可為難了李麗的苦心應付。有時候姓周的故意請李麗吃中飯，時常過了二點鐘以後，才給她回來。而巴蒲就只得在她家裡白等一個鐘頭。美國人也因此想到報復手段，不到五點半就把李麗拉著到「平安」去看電影等姓周去走一個空。姓周的餓著肚子坐在她家裡等，不料巴蒲已經把她接到北京飯店去吃晚飯了。

但是李麗到底愛誰呢？她說不出，因為兩個人都有可愛的地方，所可以分辨出來的地方，那是姓周的較「認真」，而巴蒲富「趣味」。兩個人都曾經向她要求過結婚，李麗為了早先已經吃過男人的虧，此刻是只為自己打算，而幸福。利益，也只為自己考慮。姓周的家裡有錢，人誠懇，肯服從，只是大家庭制度，結婚以後必須跟他們一家人同住，年輕人的自由就被剝削了。頂大的缺點，就是他還沒有自主權，樣樣都要聽從他的父親意旨，就連金錢取給，都是在老子的子裡。經濟就受到限制，人還有什麼幸福？尤其是女人，那一樣幸福不是繫在金錢上面。

巴蒲呢？據他自己說：他有兩萬多元存款，每月薪金一百八十元美金，如果合國幣那就為數可觀了，這許多錢他可以作小家庭的生活費，意外取給有二萬存款。用錢是不受別人限制，而且巴蒲還說過：結婚以後他把經濟權完全交給李麗，將來還帶她到美國去，過更舒適更美麗的生活去。「到美國去」這是最理想的一個希望，同時巴蒲有強健的體魄，而姓周的只是文質彬彬的十足東方古國型的一個弱少年。二十世紀女性，當然是傾向於英雄、粗魯、強暴、熱烈的愛。溫柔、馴服、風流公子的愛是早給時代的巨浪所毀棄了。這一點又是巴蒲佔勝利的地方。最後姓周的自分無甚希望，而所受刺激又深，結果就同她的一位表妹結了婚。而這位美國

十六　終於走進了舞場

自從巴蒲回美國去以後，李麗還癡心地等著他來接他到美國去結婚。一月兩月，一季兩季的過去了，而她所得到的只是一封空言安慰的信；說是因為現在家庭環境所不允許，不能再到中國來了。這才把做美國太太的夢想打破。這時候姓周的又放棄她走了，生活頓時感到空虛起來；而北平的跳舞場適巧在這個時候勃興。於是，她就以交際花的資格下海去做舞女，這也就是李麗做舞女的第一個時期。

記得那時候北平只有兩家公開營業的舞場，一家在西單牌樓，一家在東單，而這位舞國皇后也就是在東單王府井大街那一家以「L女士」的名字開始出現伴舞。

以交際花的頭銜和嫻妙的應酬手腕；使李麗的舞客日漸增多，而她也從此「安心樂業」於舞女生活，因為舞女在名義上雖然不及交際花堂皇，但是就事實講，交際花究竟為的什麼呢？她不過白費光陰和金錢陪一班男朋友玩，除了男朋友別有用意的額外送你一點耗費的禮物以外，你就沒有可以向他們要錢的理由。在這一點上，舞女是比交際花強得多了她既然掛了舞女的牌子，你上去和她跳舞，不論諸親好友軍民人等絕無賒欠的道理。實際上交際花的工作，有時比舞女還吃力，並且交際花頂大的用處，老實說：也不過是陪人跳跳舞而已。

李麗從一九二九年的聖誕前夜開始伴舞以後，在北平一直做了二年的舞女。這二年中生活不能說好，總算過得很平穩，那時候華北的政局動盪，擴大會議適告瓦解，閻馮之戰繼亦平定，全國統一，中央當局以軍權予張學良氏執掌，東北軍乃入駐平津。北平教育界新聞界二十餘團體乃有取締舞場之建議，李麗這才想著重到上海去。而上海方面有幾個朋友也寫信來希望她去，她一面乃把家事完全交給她母親掌管，自己就乘火車由津浦路經南京而到上海。

那時候上海的月宮飯店正當全盛時代，又是位於被名為神祕之街的北四川路中心地帶，右有上海大戲院，左有九九號舞廳，再過去是上海當時首屈一指的奧迪安大戲院。這一帶的熱鬧情形，尤其是夜生活，實在是當時上海的繁華中心；而這冠絕一時的繁華後來就給日人在一二八的時候給摧燬了，不復再見！

李麗那時候就住在月宮飯店的三二一號，而她和上海許多新聞記者及文藝中人，也在這時候開始接近。

上海許多朋友都希望她能放棄舞女生活，與其做舞女還不如去拍電影。上海的新聞紙上也開始刊登她的消息，某一張小報記李麗的身世，說是江都李涵秋氏的私生女，一時許多報上都爭傳其事。結果經李氏知友出來作種種辯證，一段謠傳就此湮散，而李麗的名字也開始為上海人所知道。

電影界是最需要這一類，新聞性的人物，做他們影片的演員，而李麗又是一個具備電影條件的女性。這時就有人介紹與王元龍合作一部片子，劇本是採取朱應鵬所作的《野玫瑰》所改編的。預定的演員陣容是相當整齊，除王元龍自任導演與男主角外，有朱飛、王次龍、尚冠武、周文珠、陳一棠等許多大明星助演。女主角當然是李麗，就是一班技術人員，也是當時的第一流人物。可惜正當籌備就緒的時候，日人的砲火在九一八那天開始向我們侵迫。李麗為了她母親幾個電報就被催著回到北平去。而這一部影壇傑作也就成了泡影。

李麗回到北平以後，瀋陽已告陷落，戰爭因為不抵抗而託福平靜，東北三省的版圖就此換了顏色。李麗因為北平的空氣仍很惡劣，所以也就匆匆回到上海，為了響應馬占山將軍率領三省義軍浴血抗日。李麗遂在上海甯波路立道飯店老卡爾登舞廳發起義務伴舞，把所得舞資悉數援助抗日義軍，為全國的義捐創一個新紀錄，也開了全國舞女輸捐的先聲，這是李麗在上海做舞女的序幕。

這時她的名字已經把李麗麗改為「李麗」二字，但是還不曾冠「北平」的標識。

從這一次的伴舞輸捐以後，李麗的芳名遂傳遍了上海，當時上海各畫報雜誌都取她的照片做材料，尤以張光宇、正宇昆仲及葉淺予氏所主持的《時代畫報》捧得最烈，《時代畫報》是素以新的姿態受社會奉譽的，而李麗亦因此而更被一般人所傾倒。諸位也許還記得幾年前天天以辛刺的諷刺畫出現於新聞紙上的漫畫家黃文農氏，在當時也就是追求李麗最急的一個人，後來黃氏因為和他的夫人離婚，所受刺激太深而鬱鬱病亡，一般人遂又誤傳黃文農做了李麗的犧牲品，留為藝壇佳話。

李麗從這次義務伴舞以後，上海許多大舞場都來和她接洽，願以最優的條件請她下海。李麗在被許多特殊優待條件的包圍下，不曉得應該怎樣才好，為了不能得罪許多人，寧願連最優的一家也犧牲了，而舞迷們的渴望也因此更深。這也是後來李麗在舞場更受盛譽的一個原因。

十七　久別的上海

李麗經過這一次義捐伴舞以後，從各方面得來的盛譽確實使她這次的義舉做得非常值得；而上海也從此有了跳舞救國這個名詞。某一個舞廳且應用了娛樂不忘救國，救國不忘跳舞的一句話做戰時營業標語。

此後李麗又回北平去了一次，原因是為了難以應付這許多舞場的爭奪。老卡爾登的老闆王××。復促李麗避開他們的糾纏，為的是他自己也正在籌開一家新舞場，要李麗在他那裡做台柱，而其中卻也還有豔事一段。

當李麗回到北平不久以後，王××就寫信給她，叫她快把家事料理完畢就回上海；頂好他希望能全家搬到上海去，生活一切他完全負責，這意思表面上雖說將來舞場的待遇可以供給她一家人，而實際上就是一種暗示。

為了上海待她太好了，使她覺到這生活可以過得，何況幕後還有舞場老闆答應負責，所以也顧不得一二八的戰事已起，急急趕程到上海。在她到南京那一天，適巧是一月三十一日日軍的砲火已經在上海開了四天，京滬線的鐵路已經斷絕，她只得坐了一條英國的商輪在黃浦江外日艦與堅守吳淞的十九路軍互發的砲彈穿射下到了上海。虹口已經變了屠人場，神祕之街也成了恐怖窟，她不能再到月宮飯店去，就在六馬路「中央旅社」住了下來。那時候上海租界上的旅館，正和這一次的戰時情形一般，都被華界的被難同胞做了避難所。李麗因了中央主人陸連奎為她設法，特地給她安排了一個大房間，所以在同一境地裡：別人有錢開不到，而她卻佔了一個大房間。

上海這個地方在全世界上確實是一個再奇異不過的區域。你能相信相距十餘英里外正在砲火連天屍横遍地，而在這個火線的後方，卻仍是笙歌喧天狂舞竟宵嗎？租界雖是戒嚴，但舞場卻因戒嚴而格外熱鬧，原因是適巧給喜愛跳舞的人們有一個可以向太太推託的理由。所以前線戰事儘管未曾平靜，而後方的舞場卻更形熱鬧。王××籌設舞場的計畫也仍然在積極進行，而這舞場就是上海鼎鼎大名的聖愛娜。

王××也是為了追求李麗，而費了無數心血和金錢的一個，為了李麗偶然的一句話，在第二天就把舊蓬車去換了一輛新轎車，而李麗這輕輕的一句話，王××就費了五千五百兩銀子。

後來王××代李麗在愚園路的雲壽坊租了一所住宅，而聖愛娜花園舞廳開幕的那一天，李麗也就正式下海在上海做舞女。

王××的營業計畫是成功了，他奪得了一位足以號召的台柱子，來增高他的營業，同時也想獲得她來解慰心上的渴念。李麗卻用著似真似假欲擒故縱的手段，使王××捉摸不定而至無從下手。

那時候也是王××事該倒楣，給她介紹了一個舞客，在王××的初意，滿想這個朋友可以為李麗捧捧場，而且在言語之間也隱約向那個人提示過，希望他捧場而不懷其他作用。但是，跳舞場上那裡有什麼道德可言，到那裡去的人表面上儘管說得冠冕堂皇，實際上沒有一個不是為聲色而徵逐，要在那裡找尋禮義廉恥，那簡直像跟妓女談貞節和強盜講良心同樣地可笑。

這個舞客姓諸名××，據說實業大王榮宗敬是他的至親，在上海公共租界還是一名「特別巡捕」，所以也時常佩帶手槍著了警服在馬路上橫行。他雖說是榮宗敬的親戚，但他卻是以販土起家的，因此也有不少的錢和一輛汽車。這輛汽車原本是他運輸的工具，所以又大而又舊了一點，又因為李麗坐了一次覺得不舒服，隔兩天，這位先生也去換了一部新跑車。

李麗愛他的原因，不是他肯用錢，原因是他有一個及格的身軀，而且又是特別巡捕。沒有一個女人不愛威風的，特別巡捕有的就是威風。一言以蔽之，兩個人的愛的出發點都是不純正的。後來，王××也知道她們之間已有曖昧，但為了諸××一切都比他有勢力，所以也莫敢奈何，而雲壽坊中從此也換了諸××的蹤跡。李麗也想到諸××之不易與，並且別人也警告她，叫李麗在這戀愛正熱的當兒先拿他一點錢到手，免得他將來一掉頭什麼都落空。李麗就跟他開談判，當時諸××就買了一只鑽戒和一只鑽鐲送李麗，並且答應生活由他來負擔，但沒有說出一個肯定的數目。於是李麗隔三天就向他要一百元錢。起初諸××不敢拒絕，幾星期後，覺得情形有些不對，因為這樣下去，每月除了意外耗費以外，還得供給她一千元錢。而且每隔三天必拿一次，在行動上似乎也有些那個。諸××想想照此下去，自己冒險得來的一點不義之財，將會全部耗費在這個女人身上；因此就打定主意，絕跡不到雲壽坊，李麗也早已料定會有這麼一天，所以也並不覺得驚奇，反而感到幸虧先前拿到一點錢，然而究竟還便宜了他，一面四處打探他的行蹤，一面設法向他交涉。因為諸××不是一個易與的人，就有人介紹李麗去拜芮××為寄父。這位芮先生在上海社會上也是一個有數人物，特殊階級中人都叫他「火老鴉阿×」，就是在上海社會走走的人也沒有一個不知道「小阿×」這個人。

自從李麗拜芮××做寄父以後，這位過房爺就委沙訓義律師代乾女兒出書警告諸××。

律師信發出兩天以後，有一個叫顧嘉棠的去訪芮××，顧嘉棠在上海特殊階級中也是一個有數人物，而且與芮××是呼吸相關，因為諸××挽他來調解；「同是門中人，一語解糾結」，芮××到了此時也只好罷手不顧，但是對於這位乾女兒，還是頗為眷念，名份上是長一輩，就說歡喜小輩，也要顧到面子上過得去。譬如說：每天去看看她，也是人情之常，但恐怕旁人嘴多話雜，傳到家裡去不方便。如果不去看她又覺放心不下，怕諸××那類人再去和她糾纏。這時確實難為了這位苦心的過房爺，想出了一個極妙的兩全辦法來。

上海體育界裡那時盛行競走，他就仿行這個辦法，每天早上六點鐘同他一個乾兒子由家裡出發，從呂班路競走到徐家匯，叫汽車夫開著汽車跟在後面走，在徐家匯鎮上買一元錢著名的羊肉再回到汶林路李麗家裡吃早餐，正好八點多鐘。而李麗每天早晨也只得早起來打扮好了陪過房爺吃羊肉粥。這一個辦法既收運動之效，復解胸中懸念，就是別人要說起來，也是名正言順。從徐家匯回到呂班路是一定要經過汶林路的，那麼跑累了的人，在乾女兒家裡歇歇腳吃一頓早飯也沒有什麼不對，所以也從來沒有人說過話，只有不懂事的汽車夫看著這情形有些滑稽，在暗暗地好笑。

這時候，李麗已經不做舞女了，在法租界汶林路一號過著舒適的隱居生活。上海電影界適巧盛行攝製有聲影片，中國自製有聲攝影機的發明人顏鶴鳴的，鶴鳴通試驗成功，與導演人鄭應時合作開攝《春潮》影片，男主角聘定高占非，女主角有兩個人，一個演浪漫的，一個演正派的，後一個決定請王人美，前一個腳色由導演人提識請李麗參加，徵之製片顧問蔡楚生的意見，也表示贊同，決議既定，就由鄭應時親訪李麗接洽。李麗因為幾次電影都拍不成，總想有一個機會吐吐氣，現在既然有人請她，自然願意參加，而且聲明，完全義務客串，一個酬報都不要。

鶴鳴通的有聲機，因為還是剛試驗成功，而中國對於有聲影片的攝製，也還是在初期的嘗試中，李麗正式到攝影場工作，就遭遇了甚多的困難。這家公司的攝影場是在霞飛路一個弄堂房子的三層樓上，說來令人驚奇，但實際上這個有聲攝影場就建立在一間統樓上面，連收音間化裝間都包括在內。這部轟動一時的中國第一部自製片上發音國產聲機攝成的有聲巨片《春潮》，就是在這一種不易置信的困難環境中產生的，而李麗正式成為電影明星也是在這一個時候。

十八 那位東北籍的區長

李麗在《春潮》工作完畢以後，所有一點積蓄的錢也將用完，而這家公司也沒有繼續拍片的準備。在此青黃不接的時候，她仍舊想著回到舞場去，於是進了巴黎舞廳。不料從她進巴黎以後，諸××也同時出現在巴黎。寃家見面分外眼紅，而且諸××每晚召一個姓陳的舞女坐檯子，目的完全是想刺激李麗。看這情形，李麗覺得還是禮讓為妙，在巴黎舞廳只一星期，就脫離了。隔一個星期，聖喬治舞廳又來請她，她也要試試諸××是否會再到聖喬治來跟她搗蛋？但後來在聖喬治一個月中，諸××卻不曾去過一次，而李麗因為聖喬治沒有什麼生氣，只做了一個月也就出來了。

這時候，月宮舞廳重振旗鼓，要羅致第一流舞女做台柱。李麗就是他們屬目中之一。他們願以一切特優條件給李麗，只要李麗答應，自然她是接受了月宮的聘約。

進月宮的第一夜，有一個著中山裝的客人叫她坐檯子。一桌上坐滿了許多人；僕歐偷偷地告訴李麗；那個穿中山裝的是這裡二區的區長。這位區長至少是四十歲以外的人了，一口東北鄉音。從他的儀表上看起來，不應該是一個區長，就是以他那種吃雪茄烟的神氣而論，至少也應該是一個公安局長，但事實上一桌的客人都叫他區長。

這位區長對李麗說：「李小姐：咱們算是久違了，你還記得起哈爾濱什麼地方見過我嗎？後來聽說你又到過瀋陽，可惜等這消息傳到督辦公署的時候，你已經走了。」實際上，李麗是沒曾見過這個人，但說來對於她的過去很熟悉。在上海曉得她到過哈爾濱去過的人很少，而於瀋陽的一段故事，更沒有人知道。現在有人談起她過去，自然也使李麗感到興味，而她也就借此探聽當年的情形和這位區長的來歷。原來當李麗到哈爾濱的時候，這位現任上海二區區長王古一先生，正在哈爾濱當警察局長。李麗還未離開哈爾濱的時候，這位老先生已經榮任瀋陽督辦公署的科長，九一八事變以後才到上海被委為二區區長。所以對於李麗在那兩個地方所發生的事他都知道，卻從來不曾見過面。李麗雖然已記清他是一個陌生人：但為了籠絡一個舞客和迎合一個自傲的男人心裡起見，就故意像一經道破恍然大悟似的，訴說當年互道過去，彷彿是很熟的老朋友，沒有一個人會當他們是剛在三分鐘前才認得的！而這位區長的意興也因此更豪了起來，竟接連地開了三次香檳，使全場舞客舞女、洋琴鬼、僕歐，沒有一個不為之嘆為觀止。舞場大班一看來了這麼一位貴賓，而同桌的客人又都是公安局×科長，警備司令部×主任，×偵緝隊長等。一語可以破家，一言可以致命的人物，愈加不敢怠慢，而於李麗也更加曲意奉承。

從這一次以後，王區長就每晚微服獨行做了月宮裡的座上賓。

這位王區長自從認識李麗以後，因為在一切方面說來都需要有一部汽車以壯顧瞻，尤其是在跳舞場散場以後，沒有一部自備汽車送她回去，好像李麗是不慣的。上海人都知道李麗向來都坐自備汽車的，現在當然也不能委曲她。但是做一個小小區長，每月的額定薪金，還不夠給小姐們做兜風用的汽油費，那有錢買汽車。雖然也誰都明白，一個警務人員的正式收入，是不靠固定的薪給，然而以一個區長，要在一時中籌出幾千元錢似乎也要費一番張羅。汽車是決定買的了，錢到那裡去想辦法呢？適巧這時候汽車行有分期付款的辦法，於是這位王區長購定了一輛以四千五百元分三次付款的轎車。

王區長為什麼肯花這許多力所不及的錢去討好李麗？原因很簡單。因為他沒有太太。自從在天津討來的二姨太跟人跑了以後，就一直沒有太太，他老想討一房比從前的二姨太更年輕更漂亮的太太，將來是否再會跟人逃跑，那可管不了。第一目的是要合乎摩登條件，等將來自己升官晉級的時候，有什麼開路、揭幕、植樹、剪綵的時候，有這麼一位漂亮夫人去行禮的相片登在新聞紙上，連自己的名字也連帶都容易給人記得。所以他積數年的觀察，現在居然給他碰到李麗，認為再合理想沒有；因此就是自己力量所不及，也不借羅掘皆空先去買一輛汽車討情婦的好感，然後再慢慢談及婚娶大事。

這時王區長知道李麗在月宮的一點收入，是不足維持其奢耗的用途，就答應有為難的時候儘可去找他。當初李麗也偶然的向他拿過幾次錢，後來好像給規定了一個時期一般，到了時候就到二區去找區長，連站崗的警察都知道來的是怎麼一回事。

王區長雖然憑一時的慷慨，而實際上那有這許多錢？後來連別人送來的「銀行禮券」都拿了出來，而這每一張禮券之中，正不知道還包含了多少難言的苦痛在裡面？

一個月很快的過去了，第二期的汽車費又要付了。不論那一個罪犯者，都是到了萬不得已的時候，才去挺而走險的，當然一個區長是不至於會去挺而走險的，但是要造成一件罪案卻是可能的。這時候二區的警員適巧緝獲大幫烟土，經點驗以後保管在二區的庫藏裡，等犯案判決。這批毒物例去焚燬。區長對於這件事想得再週到也沒有，他串通了祕書，把庫藏的烟土偷取了一半，而在簿冊上減寫了重量，於是賣給了私販，反正將來烟土燒燬毫無痕跡，就以這筆

十九　桃色案件的意外發展

王古一革職查辦的消息傳出以後，李麗也為之惋惜好久；但是也決計想不到他會出此下策的。「我雖不殺伯仁，伯仁卻為我而死！」想來也多少有些不安！

這時候小報上又在提起諸××和她的事情，而且和事實頗有出入，語氣中尤多諷譏李麗。李麗看了以後覺得這件事如果不辦一個結束，實在太不甘心，就和周世勳去商量，世勳就給她介紹吳××大律師。

這位吳大律師，在「五卅」的時期為上海被難的工友執義起訴獲得社會上極大聲譽，後來政運亦就此亨通，一度被派為駐××公使，且兼任為日內瓦國際法庭的祕書，在外交界上亦頗著聲譽；那時候適巧退任回來，在上海哈同大樓仍舊掛起律師牌子。

李麗的初意，只想把諸××的一番糾葛託他依法追訴，了卻積恨；不料一重公案未料，一重公案卻又因此而起，這是李麗所始料不及的。原來吳大律師自從和李麗談話以後，就滿口接受辦理。那時吳律師的身分已非昔比，上海人都知道，非至上萬的錢財糾紛和別人不易解決的大案子才去委托他。上海律師界中夠得起這稱資格的沒有幾個人，章士釗、王蔭泰和他就是此中夠資望的幾個。現在這一件小小的桃色糾紛他居然也接手辦理，自是出於意外，但是誰會知道大律師此中別有作用呢？

李麗簽好委任書後，吳律師叫她隔一天把事情的經過去告訴他，並且叫她儘可能的帶一點證據去。第二天下午李麗如約而到他的寫字間，但是這位大律師卻請李麗到「沙利文」去吃茶。他說：寫字間裡談話太拘束，咖啡店可以隨便一點，從這一次茶話後，不用說案情是另有發展。

諸××自從接到律師信以後，曉得這一次情形有些嚴重，假使不辦理妥善，一定會勞神傷財的，而且也知道吳××是怎樣一位人物，就再挽顧嘉棠先到芮××那裡去打聽消息，就近想避免法律訴訟，而以私人談判來解決。芮××察知來意較前軟和，同時曉得乾女兒幕後有吳××，形勢必佔上風，就擴張著聲勢。諸××想著這事如果不吃虧一點，也許會鬧得更大。凡是這種官司，不論那一方面有理，男人終歸出錢了結。李麗既然請了這麼一位大律師，目的非鉅萬莫辦，權事衡情還是乘早由私人方面解決出幾個錢了結為妙。於是諸××拿了一千元錢交芮××轉給李麗，算是作為脫離的一點補償費，此後男婚女嫁，各不相涉，一重公案就此了結，但是結果李麗卻連一個錢都沒有到手。

這件桃色案件剛由吳律師接辦，不料已經在外面解決了。當然他尊重了當事人的意見，不予起訴，但是對於當事人的情感卻因此更進一步。原因是她從此永無瓜葛等情，就找了一個機會直截了當地對李麗開談判；所談經過外人雖不得而知，但是雙方一定都很滿意。不料這消息給她乾爺的一個學生子聽到了。這位芮先生的門生曾經在暗地裡追求李麗甚烈，李麗對於這種人根本就瞧不上眼，但是也不敢得罪他，因為名份上總是師兄妹，所以也略為敷衍敷衍，不料這位先生以為此中大有希望。當時因為諸××關係未斷，也不敢妄圖，現在諸××的瓜葛既斷，滿以為自已可以補缺。豈知眼快不及手快，等他看定，別人早已下手，因此懷恨在心。

某夜，他探得了平時吳律師在李麗家裡的時間，就帶了一班人去，預備人贓並獲的時候，大大地敲一筆竹槓；曉得吳律師雖有勢力，但是也要面子，絕不敢把事情鬧出去的。不料那一晚，適巧他們兩人在——黛兒蒙脫——跳舞，沉浸在柔情密意的環境中，深宵不思歸去。他們就撲了一個空，但是還不甘心，一定要等她們回來。

三點鐘的時候，她們從黛兒蒙脫回來，將到家裡的時候，李麗看見門前停了三部汽車，心知有異，就叫車夫退了回去，再到黛兒蒙脫打一個電話到家裡。娘姨來聽電話的聲音有些不自然，她曉得旁邊一定有人看管。就問她家裡是否出了什麼亂子？娘姨因為旁邊有人雖不能講實話，但是聽了李麗說出的時候，她就連聲應「是」。李麗這才曉得猜想不錯，一面就叫吳律師打電話報告法租界捕房，一面就到滄洲別墅去開一個房間。等第二次再打電話到家裡去問情形的時候，原來這一班俠少已經曉得在電話上出了毛病，在法捕房的警員未到之前已經散去，一場索詐圖兇案就此沒有形成。

李麗恐怕這班人再來，一直就不敢回去，在滄洲別墅足足住了一個星期，一面吳律師在愚園路底兆豐花園隔壁的宏業別墅租定了一所房子，決行遷居。本來他們的結合是不會這麼快的，但現在卻因此倒反而促成他們的好事。

在她進入新居的那一晚上，吳律師復在──梅園酒家──大張筵席，嘉賓中俱為海上第一流聞人及法界名家金融巨頭，像王××，虞洽老，徐新六輩都在座。席間，吳律師宣布與李麗同居，並出鑽戒兩枚套在李麗指上，一場姻緣就此完成。

二十　新愁舊恨

吳律師和李麗同居的事情在半公開式中成立了。吳律師家裡不但有太太，而且還有幾位少爺，但是吳律師卻仍舊簽了一張同居書給李麗。當然在李麗方面他是表示了真誠，但是在法律手續上講，他是做錯了。定情的禮物除了兩只鑽戒以外還有一部汽車。現在讓我再來順便談談這兩只鑽戒的來歷。幾年前上海回教徒因為北新書局所出那本×××著的《小猪八戒》一書，有侮辱回教之處，當時由回教向法院提起控訴，並向出版人北新書局交涉，後來由北新書局將全書燒燬，道歉了事。這一件轟動上海整個出版界的事情，就是由吳律師代表回教辦理的。吳律師同回教中人好像有深切的交往，所以當時據說並沒收受律師費，直到後來與李麗同居的事情成功，才到他們一個教友所開的鑽石店裡取了兩只鑽戒，這筆錢是記在賬上的；直到現在據說還記在賬上。我之所以要瑣碎地提起這段事，是因為這兩只小小鑽戒是曾經包含了這樣一件激動了十幾萬回教徒公憤，而且其間還牽動著文化界、出版界的緣故。這事不幸的是北新書局，而幸運者卻只有一個人，李麗。

李麗這一個時期的生活，是過得比前更幸福。住的房子比從前好，經濟的來源亦不必自己去「跳」得來，而每晚更可以有一個竟宵舒適的睡眠時間。因為跳舞場既不去，吳律師又是每晚必須回家的，所以那時候的李麗，有「有男人」之便利，而無「有男人」之麻煩。這不是一個女人最難得的幸福嗎？

這生活繼續到第三個月，小小的愛河裡又起了一個漣漪。李麗聽到從前唯一的丈夫林某，已從法國回來的消息，頓時又引起她七年前的記憶來。她不能忘懷的：是她曾經獻給他以少女的初戀，但也記住了他的恨；因為她曾經無端的遭受了他的遺棄。她必要再見見這個薄倖兒，從前的是非經過得追問一個根源出來。

於是她在吳律師跟前假說到北平去看看母親，就此動身到了北平。再說這位在法國某大學土木工程科研讀七年的林先生，現在應該是學成歸國，對祖國有所貢獻了。但是，笑話得很，在法國的七年間，卻是專修了一科跳舞，法國話雖也說得很流利，但是不能寫，連一封法文信都寫不像樣。原來他在專科學校裡只掛一個名，實際上大部分光陰是用功在跳舞場和咖啡店裡。不用說法文寫不好，就連從前所受的一點祖國教育在這七年中也都將遺忘了。而現在他成功怎樣一個人了呢？不是學士，不是博士，而是服飾講究，滿口法語，留學生氣味十足，胸無點墨，能開汽車、喝啤酒，跳得各種好舞，專討女人歡心的專門家。

二十一　在北平再來的丈夫

當這位林先生回國以後，在上海已經看到各報上刊載李麗的各種消息，他不相信這個紅極一時的舞星，就是他當年遺棄了的愛人。但是各種畫報上的照片卻分明可以尋出當年李麗的輪廓，不過現在更美麗，更有風韻了些。他走遍上海各舞場都找不見她，後來問了舞場裡的人，才知道她已經不做舞女了。這才回到北平，想玩幾天就回山西老家去。這時候李麗適巧趕到，這一見，真是驚喜交集，把宿恨勾銷，舊歡重拾。當年的一切，林某自然都一把推在他父親身上。現在他決計和這個老家庭脫離，跟李麗從新建立一個新家庭，也表示他愛李麗比愛他的父母家庭還重。但實際上卻是因為他的父親失業已經兩年，兩年前被路局革了職，家裡的境況已陷於困難的境界，他回去一定要受苦，同時要負起這個家的重擔，而且山西那有上海好，更何況這個名份上的妻子還是上海第一流的紅舞女？有了這樣一個會賺錢的妻子，自己正可不必再做事，而李麗也表示過，只要他真誠的愛她，就是眼前不找事做，她也可以再去做舞女來養活他。李麗只曉得上海找事不容易，不曉得這位先生根本就沒有在社會上做事的能力。

山西的老家卻眼巴巴地等他兒子回去，他的父親懷著異常的希望，想著這個鍍金的兒子，至少該是一位工程師。不，工程師太委曲了，他應該是屬於建設部長一類人物。這希望也並不過分奢，但是可惜的很，他那位少爺，是到上海去做「跳舞廳長」去了。七年的光陰也不算虛擲啊！

兩人到了上海，當然不能一同回到宏業花園去，就住在一品香大旅社裡，李麗也沒有先回去，只打了一個電話通知娘姨。兩個人關在旅館也不敢出來玩。但是旅館裡究竟不易保守祕密的，這消息也就傳到了吳律師的耳朵裡，後來某一張小報更把李麗和他從前的丈夫祕密回上海的消息宣布出來。

吳律師自從聽了這許多消息以後，再到宏業花園家裡一盤問，傭人們都是吞吞吐吐的。但是，他也不便發作，至少也要顧全自己的地位和身分，何況他跟李麗的結合原是不合法的。只有放一點犧牲精神出來，聊以解嘲而已。

李麗也曾經將和吳律師的經過告訴了林某，因此林某就親自闖到吳律師的寫字間去，要請吳律師做他法律顧問代表他夫婦二人刊一則廣告。吳律師的一個姓張的幫辦，曾經在法國見

二十二　兩下耳光兩千元錢

吳律師自動放棄了李麗以後，林某就此趾高氣揚做起宏業花園某號的主人來，終日無所事做，除了陪李麗看電影、吃茶、買東西、跳舞以外，其餘的時間就開著吳律師送給李麗的那部汽車，到各處去亂闖。在他是滿心得意，但是，上海許多人對於這部汽車的歷史是明白的，著了不免暗好笑。他卻還不知道這汽車是自己的妻子用什麼代價去換得來的，還時常以此去追獵女人。假使有一輛坐著女人的汽車在他旁邊駛過，那他一定要開足速率去追趕，非把這輛汽車趕上越出前面去，他是不肯休止的。因此這汽車也就時常闖禍，受巡捕警告和法院罰款不知有過多少次，然而他還是怙惡不悛，反正汽車壞了可以修，罰款有李麗會代他去付償的，有一次，他終於嘗到了教訓。為了和一輛有一位小姐自己駕駛的汽車追逐，終以自己的駕駛術不及那女子被她車子一擠，林某的汽車就被擠到人行道上，去撞在一只郵政信筒的上面，車頭水箱部撞癟了。只得打電話給車行裡，把這輛汽車拖進汽車療養院。這汽車原先是在海豐汽車公司買的，而車行裡並不曉得吳律師已和李麗分開，當汽車修好的時候，就一直送到吳律師的寫字間，吳律師意外地取還汽車，自是高興。林某天天等著那輛汽車修好，眼巴巴等到那天，到了汽車行一問，據說汽車已經送到吳律師的寫字間；這一桶冷水澆得他連話也說不出來，只得回去告訴李麗。李麗聽了想去責備車行，但是他們有充足的理由，因為這車子原是吳律師向他們那裡買去的，修好了交還給原主人，當然不錯。李麗氣憤之餘，就帶了娘姨大姐一汽車女將，浩浩蕩蕩到了哈同大樓，去興問罪之師。事也湊巧，那晚吳律師因為和剛從南京來的×委員有所談話，很晚還在寫字間裡。剛巧李麗跨出電梯，他陪×委員出來，一眼看見李麗，早知事情不妙，就一溜腳退到寫字間裡，一忽兒就聽得兩記清脆的耳光聲從寫字間裡傳了出來。

第二天，芮××聽得李麗昨晚竟在×委員面前打了吳律師的耳光，覺得乾女兒這種勇敢的行動，有增過房爺的光榮，決計代她出頭爭取最後勝利，就叫沙訓義律師憑了當時吳律師簽給李麗的那張同居書，向他取償中途拋棄的損失。吳律師自從吃了兩下耳光以後，已如驚弓之鳥，覺得此事並不簡單，而且還有芮××混在裡面，更不是玩的，就挽公共租界督察長陸連奎出面調停，由吳律師拿出二千元了結。事情是李麗勝利了，但結果她卻喪失了一輛汽車，拿到了也只有七百元錢，其餘的一千三百元已給經手人分潤了去。

李麗對於錢是從來不善處理的；她不曉得錢可以儲蓄，只知道拿來就用。有錢時候，她亂花，沒有錢的時候，她也同樣地浪費。所以在一般人看來，李麗是闊綽的，是有錢的，但實際上，她正在闊綽的時候，也許是真沒有錢的時候。她向來的奢侈生活，是取給於不斷的對她豔羨而懷著不良的心意的男人身上；來得容易，所以也去得快速，因此當她取給來源斷絕的時候，她的嚴重問題也就橫在眼前。現在吳律師完了，七百元錢也很快就會完的，以後的生活怎麼樣呢？丈夫放在家裡。除了幫著耗費以外，簡直就沒有其他用處。現在除了自己再去做舞女以外，也沒有第二個辦法。

但這位林先生卻又反對他妻子再去做舞女。他明白妻子做舞女以後，錢固然可以不愁，但是卻有別的許多事值得你去耽愁的。他自己也是跳舞場中過來人，所以對於一般舞客的心裡，他是雪亮的。沒有一個男子到舞場裡去是真為跳舞而跳舞，收入最好的跳舞，大半就是付代價最大的人，有一點血性的男子，當然不讓自己妻子去供人摟抱。舞女所給予舞客的唯一安慰，除了親切地貼在男人的胸膛以外，還有什麼？

他反對了，不許李麗再去做舞女。李麗也並不是願意去做舞女，說來說去，都是為了向來在不合理的享受下度慣了奢華虛靡的生活。清苦的日子是不能耐的了，要供養這種生活，不是一個普通男子在薪給生活中所能擔得起來的，而這位林先生就連薪給生活的本能都沒有！

七百元錢拿到了，汽車沒有了。這是他們夫婦倆所會不慣的一件事。生活問題儘管嚴重，出門沒有汽車是丟臉的，她們因此急急於先要賣一輛汽車。

買一輛汽車至少也要五千多元錢，就是有分期付款的辦法，第一次也至少要先付全數三分之一的。他們那裡有這一筆錢呢？於是兩個人日夜不停地各自在想一個辦法。李麗想瞞住丈夫再到一班舊朋友中去活動活動，這一點買汽車的錢，她是有把握的。而那位林先生呢？他正在想著一個不合理的高利貸的借款的嘗試。上海正有各種盤剝重利的放債人，但是沒有一種能比印度人再苛酷了。別種放印子利的也有最高要納十分之二的月息，而印度人的印子利卻另外有一種規例。他除照例先扣十分之二利息外，再要你在借據上多寫借款的數目。譬如你借的是一百元錢，實際上只能拿到八十元錢，這廿元錢是照例應該先扣的第一個月的利息，而那張借據上要寫三百元。如果你能準期去還，卻仍是一百元，而這多寫的數目是預防你在將來用法律解決時候的一點損失補償這種高利貸借，照理就沒有人去借，但僅有那些飲鴆止渴之輩去嘗試，這也有一個最大的原因；是因為別種放利息的最多只一二百元錢，而印度人那裡卻可以借上幾千元。

二十三 走屋租

林某雖然想借印度人的錢，但不敢對李麗說。李麗想到外面去活動也必須要瞞住了林某。汽車總於不能在短時期中買到，就是這兩人的計畫都沒有成功的原因。

李麗自從這位未婚丈夫進門以後，就無異增加了一個消費的對手，別人既被他趕出，經濟來源也就無形割斷！從吳律師走了以後，宏業花園的房租已積欠了三個月，每個月的租金是一百八十元，三個月就得五百四十元錢。從前每月由別人付，自己是不覺得的，現在要自己驟然拿出這一筆並不少的錢，卻有些為難起來，吳律師那裡所拿到的七百元錢，已經用去了大半，手裡是沒有一些積蓄的錢，假使要付清房租，只有去當首飾。一對鑽戒至多只能當五百元錢，房租是可以付清了，但往後的生活費用和逐月還須付出去的昂貴房租怎樣辦呢？所以即便付清這三個月欠租而再住下去，也不是一個根本的辦法，因此想到了搬家。否則將來就是再做舞女，一個月辛辛苦苦跳來的錢，也只夠付一點房錢。生活假使真到這個地步，那又何苦呢？

然而搬房了雖然是一個根本辦法，也得先付清這三個月的欠租才能搬啊！為了這一點錢，李麗確實獨自焦急了好幾夜，因為這位寶貝丈夫根本沒有對他商量的必要，他既不能為你分一點責任去，也許反而會把你的事情弄得更糟一點。李麗只苦思在自己的心裡，並沒對他說。然而他卻曉得了妻子在愁些什麼？總算他也明白自己應該多少分負一點責任的，自己想不出辦法，去找朋友商量。這班好朋友果然貢獻他一個好辦法，叫他直接了當地「偷搬場」，上海幹這事的人多得很，而且房東都是有產階級，少他們的錢，根本不損毫髮。

他事先並不將原因告訴李麗，因為對她說明了，怕她不肯。所以只對她說：已經有辦法可以搬家，李麗也自然高興。一面就在汶林路林村三弄五號的一幢小洋房租下。在一個夜裡，用兩部搬場汽車，人不知鬼不覺地就此搬出了宏業花園。等房東方面發覺，他們已經在新房子裡住了三天了。

後來李麗也覺得這不是一個正當的辦法，因為房東可以向保人去追訴的，如此一來，吳律師就一定會知道。因為這房子原先就是吳律師去租定的，而保人也是他去找的。假使給他知道是為了欠三個月房租而偷搬場，自己的面子到那裡去？她於是就親自尋到房東那裡去，講明一個分期付還的辦法。好在房東也很信任這「李麗」兩個字，他相信這兩個字是超出五百元以上的價值，就都答應了。

二十四　新舞場與新汽車

李麗把房租的欠款事情辦妥以後，決心再去做舞女，因為現在除了自活以外，至少還得再養活一個丈夫。

為了往前的聲譽，和在舞場上建立了的身分，現在雖然再度下海也要選擇一家適合的舞場。上海大舞場她都做遍了，沒有一家可以再增益她的地位；進去不過做一個庸庸碌碌的舞女。舞場本身已經失去了引人的魅力，要靠一個舞女來做營業的振奮劑，這是一件難事，至少是一件吃力的事。所以她就選擇了大華讌舞廳。

上海是一個花樣百出的地方，儘多新玩藝，在刺激過度了的都市人眼前，也很容易失去時效。跳舞場老闆也得時常想一些新的方式來滿足夜遊者的官能享樂。春的季節過了以後，便有露天花園舞廳的出現；整個的舞池，融化在夏的夜空下了。普通半夜兩點鐘收市的規定，對於咖啡店社會，實在是太短促的時間。上海舞業托辣斯，便又建造了一座完全適應各種條件的新舞廳，同時還有二件新的號召：女子音樂隊；北平李麗再度下海伴舞。

這間新的舞廳就是大華讌舞廳。

她進大華之前，最急需的是一部汽車，實際上雖只一送一接兩次的用度，但這是不可少的唯一身分裝飾品。李麗的意思給他丈夫知道了，適巧又投合他的希望，他計算妻子在舞場的收入，和意外可以挖掘的黃金，現在只要有一筆錢可以借，將來償還的希望是不成問題。印度人的錢，重新又蕩漾在他心能！他去託了一個熟悉此道的朋友，和一個名叫阿木生的印度放債人去接洽。這個印度人在上海有十八年的悠長歷史，上海一切的情形，他比一般普通的外地人還熟，他曉得李麗這個名字，他相信這個闊綽的紅舞女，是弄錢的能手，幾千元錢是很容易償還的，而且一個依靠名譽面子的人，決不肯有一個損隙給人的。阿木生就信任地借給了那個自稱為北平李麗丈夫的林某三千元錢。於是一架茶灰色的新汽車又載著李麗在上海各處飛，而林某也驕傲地又做了有車階級的人物，忘了一個巨大的隱患在三千元錢上所引來的日後一段慘變。

二十五　舞女的丈夫

李麗在大華的時期裡，確實又回復了當年的地位。她的舞客，是一般舞女所不喜迎奉的。因為大都是四十歲以上的中年人。那類自視為小開之流的紈袴子弟，她只讓同場的姊妹們去爭奪。她是最瞭解這班小夥子能力和心理的人。如果為你的收入計，應該選擇一個有自主權的五十歲富翁呢？還是去拉攏他的年輕的二十歲的兒子？一個要錢自己拿得出，一個要錢必須向他爸爸那裡去討。爸爸絕不會讓自己孩子拿大量的金錢去亂花。最後只得利用聰明而不正當的腦筋；憑著父親的名譽產業想出各式各種的弄錢方法，造成了新聞紙上無數的轟動社會的黃色新聞，浸沉在舞場裡的年輕人，絕沒有一個是好東西，你假使是為了談愛，除非你對於自己的肉體和心靈都毫不珍惜的人。

這時候，李麗有一班金融界的人物，天天去捧場，造成了全滬舞女所得舞票的最高紀錄。她幾乎是一到場，就給一班熟客邀去坐檯子，你要是專誠想到大華去跟她跳幾次散舞的，你准會等到散場還看她被一班中年的紳士們挾著出去了。你不但跳不到舞，而且和她談一句話的時間都不留給你。你以為明天是星期一，或許她不會被人包圍著一直坐檯子，你又去了。結果還是失望而回，因為禮拜六夜的盛況，她是天天保持著的。

她的丈夫，那位林先生，眼看著自己妻子的忙碌情形，和舞場時間以外應酬的頻繁，他又懷疑著大量的銀錢來得太容易了。這超越一個最紅舞女三倍以上的收入，使他對於妻子的行動有監視的必要，於是每夜就到舞場裡去坐在李麗的後面，或者一個角落的位子上。

舞客們後來漸漸注意起一個臉色蒼白，肩膀用棉花裝得高高的少年；面前永遠供著一杯白開水，沉默地萎頹地坐在那裡，而李麗的生意也就因此漸漸地降落來。

許久以後，李麗在大華的地位，將因這列拖車而崩潰！舞場的老班就叫了李麗去談話，他告訴她一個舞客的心理，和舞女所最忌的幾種事。現在她是犯了最厲害的一條，如果她不叫丈夫在大華絕跡，那麼，舞場為了利益計，將取消對李麗例外的優待，就是不給工資，和普通舞女的同樣分賬。

李麗自然也怨恨，不過怕說了反增丈夫的猜疑；現在既有舞場的警告，就告訴了林某。這位林先生也居然顧到妻子的收入，答應從此不到大華去，不過有一個交換的條件，就是允許他到別家舞場去玩，李麗自然也只能接受。生意雖從此又漸漸好了起來，但卻要另外供給一筆費用給丈夫去花在別一個舞女的身上。

李麗對丈夫的條件妥協以後，滿希望此後可以多進益一點錢，過一度快活的家庭生活，不料正這時候，他的母親又突然地從北平趕得來。她是預備到這裡來靠這搖錢樹的女兒享享老福的，李麗當然不能拒絕，不過一個靜謐的家庭卻從此不時地發生小風波。

那時候，上海R.C.A.無線電公司為推廣他們的新式收音機，發起全滬跳舞比賽大會。獲冠軍的一對，除得該公司的二座大收音機外，另外還有游歷好萊塢的來回頭等船票二張。一時各舞場都分別舉行預賽。李麗聽得這消息，滿心歡喜，她相信這錦標她穩可以獲得，因為R.C.A.對於這次的比賽選舉，目的完全是為了廣告作用，對自己的商品借此號召，他們必須揀選一個有點聲名的人來得這錦標。全上海的舞女群中只有她是最合理想的一個。她想著得獎以後的計畫，夫婦二人到好萊塢去遊歷一次回來，然後把那兩架收音機拿來開一家跳舞學校。丈夫在法國的七年中所學來的一點特有技能，也可以出而應世了。

她參加了比賽，獲得了決賽權。

許多舞廳的預賽完畢以後，在一個禮拜六的夜裡，R.C.A.假座逸園舞廳，舉行最後的錦標賽，幾百顆希望的心都傾注在這一個晚上。一對一對的表演，一對一對的淘汰下來，最後她剩了僅有的三對，當然李麗是這三對中的一對。她開始有些惶惑：因為其餘的兩對，除了梁氏姊妹的一對以外，還有一對是業餘的參加，而且看來不但舞跳得優秀，還和R.C.A.所派來的那位評判員相當稔熟。結果果然由那一對業餘的競賽者得了錦標，這一對錦標人就是南腔北調影舞皆能的鄭孟霞和她的夫壻陳高聰。李麗只落到一個亞軍。

李麗本來預算得到錦標以後，創辦一個大規模的俱樂部，同時附設一個跳舞學校，名字也想定了叫「李麗跳舞俱樂部」。因為她以為有把握錦標必定屬於她的，所以在大華預賽獲選以後，就在台拉斯脫路三十五號的一幢大洋房以二百三十兩一月的巨額房金租了下來。這房子原先是法國駐滬副領事的私邸，裡面有大花園、網球場和一個足可客納一百人的桃木地板的大客廳。在一切建築裝置上講：實在是一所做大俱樂部最理想的房子。可惜決賽揭曉的時候，R.C.A.的評判人輕輕地把冠軍的錦標給了鄭孟霞，使這個上海不曾有過的一個理想俱樂部就此流產！而李麗對於好萊塢去游歷的夢想，也只得同時打破。

早先林某的父親，聽到兒子回國的時候，在北平突然又折回到上海去，認為這是李麗的報復手段，這老頭兒還以為自己兒子是一個怎樣了不起的人物，所以急急託他一位堂弟趕到上海來。這位先生走了幾處都是李麗早先的地方，都說搬了家，弄得他沒有辦法。虧他聽了別人的話，叫他尋到舞場裡去，這才遇見了林某，把他父親叫他回去的一番意思都說了出來。林某當然不想回去的，但這個時候因為他們為了俱樂部，曾經費了三千多元錢在裝修房子和購買家具上，眼前手頭正在拮据的時候，便想到老家裡還有許多古董字畫，正可乘機去拿一點出來變賣；就和李麗商量定當，跟著這位堂叔一同回到山西去。

林某到了山西以後，心卻仍舊留在上海，所以回到家裡，把古董拿到乎以後，就設法推諉回到上海。老頭子還以為兒子去賺錢回來，不曉得家裡祖傳的一些僅有家產，都給他兒子帶走了！

林某回到上海。卻把幾件值錢的瓷瓶古玩藏匿起來，只給李麗一對翡翠指環。這時候李麗對於俱樂部的興趣已經消滅，林某也正有著別種企圖，就拿著這些古瓶又去尋那另一個的印度放債人勃朗生，把這些古董做抵押，借一千元錢。勃朗生也是一個老上海，他對古董雖不知鑑別，但和一些古董店卻有往來，所以拿到那面去一看就知真偽。這些古瓷經鑑別以後，認為足值一千元錢，所以林某也就很容易地借到了手，但這筆錢借到以後，他不但不想到一點正當的用途，反而瞞住了李麗到回力球場去賭錢。不料賭運又是壞到極點，一千元錢幾個星期中就完

二十六　三星高照

林某借印度人的錢，是瞞住李麗的。他只想在回力球場上翻一次本，把這些債都還清了。他沒有想一想回力球場是什麼地方？所以越賭越輸，到了最後終於弄到一個不可收拾的地方。李麗雖不知道她丈夫在外面幹這勾當賭錢，只奇怪他近來不常向她要錢用。以為他改好了。料不到他正在外面拚命地借印子錢。

因為跳舞學校開辦不成，台拉別墅的房租過於昂貴，所以李麗決計犧牲那筆鉅額的裝修費再搬家。這時候就由台拉斯脫路，搬到赫德路。

李麗這一個時期在大華舞廳漸漸步入轉好的環境裡，因為她同時遇到三位真誠愛護她的客人。一個是王××，上海中興煤礦公司的營業主任，一個是在首都鐵道部任事的錢××，另一個是某輪船公司機器部經理的許某。這三個人，對於李麗雖各有目的，但援助李麗和愛護她的真誠都是一樣的。他們幾乎每晚上都來到大華，買五十元舞票，使所有的舞女都側目驚奇。

我前面已經說過：李麗沒有一個在三十歲以下的舞客。二十幾歲的青年，假使要在她跟前裝闊，她反而會覺得這小孩子可憐，勸他們早一點回到學校裡丟。所以這三個客人也沒有例外，都是四十歲上下的中年人，那位王先生卻已經有五十歲了。年齡雖然較大一點，不但都有家室，而且還都是兒女成行了的，可是李麗卻不在乎，因為他們愛李麗也都有著年輕人一樣的熱烈的心，尤其是那位頂老的王先生。

這位王先生，原是美國留學生，他任職中興煤礦公司營業主任，比一般普通銀行經理的收入還好。他最重要的職務，幾乎就是交際，在公司裡每月可以支領幾萬元的交際費，所以每夜買五十元舞票，就也毫不希罕了。那位姓錢的，也是一個美國留學生，而且娶的也是一位美國太太，他自己是一個建築師，在鐵道部裡兼任一個職司，他的進益和金錢週轉雖不及王××，但是，他也是儘可能之力要在戀愛市場上角逐一下的。那位許先生也是相同的一種情狀。總之，李麗那個時期在舞場裡能夠佔到收入上的第一個位子，無疑地是這三個忠誠的舞客有以致之的。

那時候，新新舞場正在從新改組為國際舞廳，想請李麗去做他們的台柱。派人和李麗接洽，願以比大華更好的待遇請她加入他們的新組織。李麗因為和大華感情很好，不能毫無理由中途退出。國際方面見李麗猶豫不決，就再挽了許多和李麗有交誼的朋友去勸，李麗為了情面難卻，只答應在大華合同滿期的時候，不再繼續，好在那時候國際正在裝修，還沒有妨礙，後來國際開幕的一天，李麗終於出場伴舞，而她三位忠誠的舞客和其他不知其數顛倒李麗的舞迷們，也一齊隨著李麗由大華移到國際來。這就是一家舞場情願以最大的犧牲去扡一個紅舞女的理由。

二十七 舞后

上海的跳舞場，那時候正走上競爭的尖端時期，每一家舞場差不多都翻著一種新花樣，不是把房子裝璜得新奇富麗，就是藉著一班出色的樂隊，或著是每天晚上插串一些表演，禮拜六加送贈品等等。國際舞廳的建築和裝置，因為限於原來固定形式，比不上那幾家新舞廳，但是，他們獲得了李麗以後，就補足了一切的缺陷；實在的，那時候李麗確有那股魔力，使這家從前無往而不失敗的新新舞廳，現在改了國際以後，頓時車水龍馬，盛況勝前。

這時候的上海，不但舞場蓬勃一時，就是各大報的跳舞特刊，也是風行一時。當時有一家社會晚報，發起一九三五年度的上海舞后的選舉，整個上海的舞場都緊張起來。忙的不僅是舞場的主持人和舞女們，尤其是一班舞客，他們都希望他所鍾愛的一個舞女獲得這頂皇冠，他們都不惜毀家輸財般，慷慨地踴躍地，去買選舉票，比現在購救國公債和獻金救國的情形似乎還要激昂得多。

皇冠逐鹿的人太多了，可惜皇后不比大總統一般，可以增添一位副總統的，終究只能讓一個人去承受的。所以有些聰明一點的舞女，反而勸她們的客人不要把錢去花在那些廢紙上。有幾位自以為足夠資望的，自然也想嘗嘗這個皇后夢，豈肯放過機會，就鼓勵這班效忠於未來的皇后陛下的舞國臣民們，獻金輸財去爭奪這頂皇冠。自然最後勝利的是屬於為她獻金的最多一個，揭曉出來是李麗。

加冕典禮是假座百樂門舉行的，儀式頗為隆重。加冕人是上海聞人袁履登先生，此老當然還有一番鄭重其事的禮讚，把舞場渲染得從未有過的那種肅穆莊嚴之態，到現在想起來，還覺得盛會難再。不曉得那一年，那一個時期，才能再在上海遇見那種歌舞昇平的氣象。

一九三五年的舞后選出以後，李麗這名字，不但舞場中人從此更加熟道，就是別一種場合的人，也時常以這個人做談話資料，在他們的心目中，李麗是一個天仙化人，玲瓏透剔，珠鑲玉綴，錢帛予取予求，超乎一切女性之上的一個幸運兒。所以當時曾有無數的捐款人，和不相識的落魄者踵門求援，不是說北平落難的同鄉，就是穿著破軍裝的受傷同志。明知道這等人是借此斂財的，但是，他們說得出一大套來由，又是誼屬同鄉，使她不得不解囊一番。然而，因此她也在無意中做了幾件好事。

有一天，一個同場的女伴，特地走來告訴她一件事，說：是有一個無錫女學生被流氓騙出來要押賣到雛妓院裡去，叫她快拿三百元錢去買了過來，免得這個純潔的少女淪落到地獄裡去。當夜她們就在一個小旅館裡，拯出一顆小靈魂，她以最高的代價從老鴇手裡奪了過來，李麗是火坑裡的逃生者，她自然要以力之所及去援助遭著同樣厄運的人！

那一夜，條件講定，立時就要銀貨兩清的。李麗一時沒有這許多錢，後來還是向舞場去借得來，才把那個女孩子帶回來。這個少女後來就是被李麗認為妹妹的李芳，在上海也是一個小有聲譽的紅舞女。

李麗是孤獨慣的人，從小就受著母親的歧視，胞兄的虐待，在人肉市場又度過一年多的非人生活中途還被愛人拋棄，翁姑凌辱。她這顆稚嫩的心，不知道經過多少創傷。她時常想，假使這個魔鬼的哥哥，換了一個姊姊或妹妹，那該是多幸福啊！所以從她有了這個妹妹以後，心裡似乎也溫暖起來，她愛護她，對待她完全以自己姊妹親切的心。

那是四月底的時候，上海正是熱的季節，那位王××先生，這時候追求李麗，也正到熱的時候，他已經超越錢、許兩人之上，不用說，最大的原因，是物質條件使李麗不能不傾向他。雖然李麗還是不願放棄錢、許二人，然而大半的時間，卻不得不應付在王××一個人的身上。而這位林先生，這時候已經失卻丈夫的光芒。因為自己正拆了大爛污，印度人的債逼得很緊，他怕他們緊上門來，被李麗曉得，所以每天一早就避了出去。他也只能讓妻子每天陪著××去吃茶，而且因為天熱，國際舞廳歇夏，所以李麗連晚上都有空閒的時間，使王××更多接近的機會。

二十八　林某東窗事發

在這一個夏季裡，李麗差不多把所能剩餘的時間，都應付給王××，對於王××，她是存心要獵得他的。那位林先生，李麗的丈夫，那時候正為了印度人的債，弄得坐立不安。最後他只能告訴了李麗要她想辦法。不用說，李麗是著急的；好在她那時候弄千把元錢還有辦法，一星期中她把這件借款完全還清。豈知這位林先生，因為妻子肯替他還債，而又在印度人那裡因此預存了一個信用，隔不多時，又去借了二筆款子。

國際在這歇夏的時間裡有一部分重要職員，在靜安寺路大華飯店的舊址，建造一座新的舞場，那就是「大都會」花園舞廳。他們要趕在秋季開幕，不但建築方面要佔同業中的優勢，就是舞女，他們也想把全上海的紅舞女都羅致攏來。大都會的舞女大班，就是國際舊人，在幾度祕密接洽以後，就和李麗談妥了條件，條件有一條是：李麗以後永遠屬於大都會，除非她不做舞女的時候。

大都會開幕了。他們雖然不曾真的做到把全上海的紅舞女都請了來，但是他們擁有北平李麗和久負盛名的交際花兼電影明星的譚雪蓉，然這二位人物，已夠號召的力量，何況還有寧波李麗、趙曼莉等十幾位相當紅的舞女？大都會是成功了。

這時候李麗的收入自然也更好，可是她的母親卻生起病來，幾個月以後，便撒手長逝，這一次喪事，又靠了王××的幫助，把一切料理得很像樣。

剛把她母親的喪事辦好，她丈夫借印度人的第二起的債又告發了。特區法院出拘票，把林某捉了去。李麗一時想不出辦法去償還這筆錢。最後還是拿首飾當了去贖回丈夫。不料她正把借款交出，在律師休息室中的時候，第二個印度人的三千元借款繼續起訴，當庭簽發拘票，把那個剛在休息室中得到十分鐘自由的林某，立刻又捉了進去。李麗的一千元錢等於白還，她想不到丈夫竟會借了這許多錢；而且據報告，除了這一宗之外，還有五個印度人等在後面，總計數日當在二萬元以上，使李麗要還都不能，因為她破了產都拿不出這許多錢。

二十九　離婚與查封

林某走了的第二天，印度人果然來了，但是已經太遲了。他向李麗交涉，李麗當然不認賬，好在她不是保人，根本就沒有承認過，借據上又沒有她的名字。印度人來吵了幾次，都得不到什麼效果，他已經知道這白鴿是自己錯放走的，而現在連保人都一齊脫逃了，只有咬定向李麗糾纏，無論如何，她總是林某的妻子，法律上是否夫債妻子有代還的責任，他可記不清了，他去請教法律顧問要和李麗打官司。

林某到了山西以後，幾個星期過去了，還不見李麗的蹤影。林某已經有些覺得事態是在演變了他現在有些後悔起來，覺得這事做得太失敗了，當初不應該貿然逃開上海的，現在要回去都不能！他曉得印度人的拘票早已在車站上等著他，他懊悔，憤怒；他寫信去責備李麗：為什麼還不來？他用恫嚇的言詞，想使李麗有所顧忌。李麗收到這信，只是笑笑，她現在只預備如何對付那個印度人；對於丈夫的事，她已經擱在一邊。

二星期後，林某的第二封信又來了。這幾乎是一件哀的美敦書，他警告李麗，如果十天之內，再不見李麗到山西，夫妻關係就此斷絕。他以為李麗捨不了他的，不曉得對方正是求之不得。李麗接到這封信後，就和一個姓蔣的律師去商量，對印度人和她丈夫的事，作一個總結果。

這位蔣律師也是李麗的一位忠實舞客，在暗度裡追求過李麗好多時候。因為她有丈夫，而且還有許多人包圍著，為了自己的顏面，不便明目張膽。現在李麗正好來託他辦理與丈夫離異的事，自然也願效力一番，但他不能自己出面，他代她策劃著一切以後，另委一個王××律師出面辦理。這位王律師在上海多如狗毛的律師群中是一個社會上很陌生的名字，現在紅極一時的舞國皇后居然委他辦理離婚案件，正是求之不得的成名機會，隔幾天上海各大報上就刊出一則特別觸人眼簾的啟事廣告，就是王××大律師受任北平李麗為常年法律顧問。

敏感的上海人，見到這則廣告，就預感到山雨欲來的先兆，曉得接著有一件聳人聽聞的桃色案件可供談助了。果然北平李麗離婚的新聞，接著就在新聞紙上出現。

印度人曉得李麗必有準備，事先就請得法院批准，查封林某的房子。林某的房子還不就是李麗的？這兩件案子由李厲的代表律師請求法庭合併審理，結果，被告林某缺席判決，准予原

三十　王××的金屋

離婚的案件結束以後，李麗彷彿像經過一次良好的外科手術，把身上的一個毒瘤割去了，連精神都感到健康起來。而所有的舞客，對她也似乎更顯出好感；尤其是王、錢兩個人。

為了她要另換一種生活方式，她又從赫德路搬到白利南路，這次搬家的動機是受了王××的慫恿，他說：他希望李麗重新做一個人，如果她能夠離開舞場生活，一切費用他願意供給。就因這一句話，她才搬了家。

家搬完以後，她向舞場請了假，她帶著妹妹到青島去避暑。她到青島有兩個原因，第一是為了離婚案件剛結束，她要為許多方面違避，同時王××也在青島歇夏，她要試試這新的計畫；看王××究竟有誠意否？李麗曉得王××的一家人都在青島，但她要王××在一定時間中跟她在一處；而這位相當怕太陽的王先生，乃不得不天天陪著她晒日光浴，她們就在這樣一個時期中，談妥了戀愛的條件，回上海以後，李麗就一直沒有向大都會去銷假，連別的交際場中都見不到她的蹤影，一時別人都懷疑她又嫁了人。

這時候，突然地她的哥哥又出現了，據他自已承認是剛從牢獄裡釋放出來。不用說：這責任又得要李麗負起，她答應每月給他六十元錢，叫她哥哥過一個安份的日子，以為他應該到了悔悟的時期，豈知他竟藉口說她母親有很多積蓄，一定要李麗交出來。從此天天來糾纏，最後他不知從那裡聽到李麗要嫁王××的消息，他故態復萌，用著一種敲詐而脅逼的行動對李麗說：他也要結婚了。他要李麗給他二千元錢以後絕不再向她要一個錢，否則叫她留心一雙眼睛。

李麗曉得這無賴的哥哥，說得出做得到，因為他早已失了人性；但是她沒有辦法可以對付他，除非答應他的要求。但是這個無底的慾壑是填不滿的，她又怕王××知道了，會影響她的前途。她沒有方法只得再搬家，搬到沒有一個人知道的地方。

她對王××是把她哥哥那件事隱瞞了，只說答應他的要求，所以搬一個祕密的地方，免得給人知道了，傳揚出去，會妨礙他們的家庭。王××當然沒有異議，而且她肯專心向著他，他更高興，就在海格路底的衛樂園，去訂了一年的租約。她就此祕密地搬了過去，等她哥哥再去尋的時候，那所房子早已成了空屋。

李麗從這個時候起就一直沒有做舞女，直到最近到香港來，才又重新在國泰裡露一次面。從這一個時期起，李麗是放下了一顆紛華的心。她恬靜地在衛樂園中過著家庭生活。王××每天在規定的時間中去看她一次，有時候在她家裡吃一頓夜飯，陪著他談談笑笑，這就是她一天中唯一的義務。

那時候，她幾乎像換著一個人，她現在七點鐘就起床，晚上十一點鐘，就睞著眼睛想睡覺。這生活彷彿給她重溫著童年時代的夢！她把這膩了的夜生活，完全摒拒了。但是一天中的空閒時間太多了，她想找一件適當的工作，來彌補這整天白費的光陰。她不愛以無聊的賭博作消遣，否則她大可像一般太太們整天圍著桌子打打牌。後來她不知受了誰的提示，她想到正可乘此時間學一種專門的技能——舞台上的舞技。她想也許會有那麼一天，失了一切方面的援助的時候，這一點技能至少可以拿出來，避免凍餒。比用笑臉，腰肢到舞場裡去換得一點代價，要幸福得多了。

她堅持著從未有過的恆心，天天到靜安寺路一個美國舞蹈專家，蜜斯莎菲所開設的一家舞校裡，從基本的動作練起，學到最雜的一種跌蹉舞，這學習綿延了六個多月，學成了二十支不同花式的流行的跌蹉舞法。她天天用著鐵板的鞋尖，在桃木的地板面，拍出了複雜而合節奏的足聲。她能夠從電影上所看到的那種步法，完全模仿出來。她成就了一位中國稀有的足聲舞的人才。這不是偶然的，她是經過一個不斷的長時間才成功的，絕非僥倖。她一生許許多多的成功中，惟有這一件是最值得誇耀。

在她修完幾種舞課以後，便預備更進一步的深造，澈底的到美國去實習幾年，同時環境可能的話，儘可向世界週遊一次。

這主意開始在她心底萌動的時候，湊巧上海中國旅行社舉辦世運歐遊團，以在德國舉行的一九三六年亞令匹克世界運動會為目標，由上海出發環遊歐洲，這組織適合她的理想，而且解決她單獨個人旅行的困難。她欣然去告訴了王××，要他幫助促成其事，王反對了。反對的原因，不是為了錢，而是憂慮著她離開以後，一定會發生意外的枝節；他老實告訴她反對的理由。

但是這不能打斷李麗的去意，她決計去借一筆錢。至多把王××犧牲了，她不能失了這個時機，她把所有私蓄湊起來，先到中國旅行社去報了名；把護照的手續都辦妥以後，她才和王××解決最後的問題。

三十一　女人總有辦法

當李麗在中國旅行社報名之後，這消息給曾經李麗策劃過離婚案子的蔣律師知道了。他當初追求李麗都是不得其時，現在當此千載良機，豈可坐失？他即刻約了李麗去吃飯，他告訴李麗，他也已經加入了這個世運團，他要以友誼的關係做李麗沿途的保護人。李麗聽了那番話，早已察知來意。她用著投石問路的方法，打探這個想做保護人的用意，她說：名雖然報了，但是整個的旅費還沒有著落，所以是否去得成，還是一個問題。蔣一聽這話，就說他適巧多定了一張票，本來預備他的妹妹一起去的，現在妹妹不願去了，假使李麗真未訂定，就以這張奉贈。事情就這樣使她圓滿成功！李麗可以不必再向王××要錢了，在啟行的前三天的一個晚上，李麗把已經決定參加歐遊團的話告訴了王××，並且希望他在她在海外的時期中，照顧她的家庭。王××原想已經濟的制裁，使她不能成行，不料她現在都弄好了，當然阻止不成了。他也曉得李麗的個性是倔強的，還是乘機留下一個更好的印象給她。他答應照顧她的家庭，另外還送了一小部分的錢，給李麗作旅中零用；並且對她說：如果錢用完的時候，可以打電報來給他，他當儘可能的寄給她。

這是民國二十五年六月二十六日的一個上午，上海匯山碼頭上擠滿了人。李麗同著十幾個親友，悄然地站在甲板上。她在事先曾對蔣××提出一個要求；就是在未離開上海之前，不能宣布他和李麗同行。所以在船未離碼頭之前，連送行的親友，都沒有曉得這個祕密，但是當天晚上，上海各晚報都把這次歐遊團的會員名單刊登出來這才在李麗花名為「吳瑛」的旁邊有一個蔣××在一起。王××當初曾經約略聽到過蔣××對李麗有過野心，現在證明了，但是，誰知道其中的內幕卻是李麗不得已的時候，玩的把戲。

康悌浮地開出吳淞口外的時候，那位蔣先生才從吸烟室出來，去尋李麗，他懷著宛如同新婚嬌妻到海外去蜜月一般的得意神情走到房裡，不料李麗正在發脾氣。原來她的房間就是他的房間！李麗說：我們算是什麼關係，可以住在一個房間裡？蔣先生瞠目不能答，他原以為這一著總成功了，不料李麗會起這個反響。她一定堅持著要他搬出去，最後鬧得歐遊團的總幹事也來了，他怕事情宣揚開去，不很好聽，就極力設法去尋空房。所有的房間都住滿了，連只一個床位的地方都沒有。船上的管事說：只有到新加坡才有空，一場風波至此只得告一段落。他們就此彼此不說話，睡覺在一個房裡，吃飯在一個檯上，但是不說一句話，猶如陌生人。

船過香港的時候，在那兒要停五個半鐘頭。靠碼頭的時候，天正下著牛毛雨。她憑著船欄，孤零零地，呆望著眼前的景物，她開始嘗著單身旅行的苦寂味。正在這個時候，她回頭看見一個姓劉的團友，正靠在她的旁邊呆望著。兩人不期而然談起話來，他們都是孤獨一個人，就相約上岸去散散步。她們坐著電船渡到對海，在香港的山頂兜了一個圈，等回到船上的時候，兩顆孤獨的靈魂已經合在一起了。她們的遇合，在表面上看來，似乎是碰巧，然而事實上是早有因果的。原來這位劉先生，是天津東萊銀行的經理，他的父親是山東一位有名的首富，據青島一家報館調查：說他至少有三千萬以上的家產。這位劉先生從小就由父母之命，娶得一位夫人，在受新教育洗禮過的青年，遭受到這種聽天由命的婚姻，自然不會有幸福的。他的爸爸也曉得這房媳婦娶得太不相稱了，恐怕兒子悶出病來，就叫他到海外去旅行一次，這就是他這次加入這個歐遊團的原因。他在天津中國旅行社去報名的時候，已經曉得李麗也加入這次旅行，很想在這個機會裡，結下一個不平常的友誼。但在上船之後，一查團友名單錄，卻沒有李麗的名字，不曉得李麗早已化名為吳瑛。及至船上第一次晚餐的時候，才由團體總介紹的時候，曉得吳瑛就是李麗；然而還是很失望，因為他曉得吳瑛是同蔣某住在一個房

三十二　恨不相逢未嫁時

劉某從香港起，一路就抓緊機會，跟李麗在一起。蔣律師在這一種情態之下，自是難堪。他沒有什麼方法，可以避免必將遭受的刺激；原定的那種理想的蜜月般的浪遊生活，現在變成跟仇人在一起過著漫長的旅程。他因之想到一種低能的報復；向李麗索還送給她的那張船票，以為要挾。他曉得李麗這張船票被索還以後，她不是被迫半途上岸，就是再出一筆錢補票，然而補票的那筆不少的錢；李麗的行囊中，是拿不出的。以這個要挾正是一種絕妙的報復方法，也許她會因此屈服了，還有妥協的希望。他也沒有提出什麼理由，像小孩子索還餅餌一樣，向李麗要還那張船票。這在李麗確如一個晴天霹靂，她料不到這一著低能而淺薄的舉動。但是她是不甘屈服的，雖然她沒有再補船票的錢，她毫不猶疑地還了他。

從此他們的裂痕，更見明顯，船到新加坡，蔣某也不得不從李麗房裡搬出去。自然劉某的機會，卻從此造成，他為她補船票，辦手續，從早晨陪到夜晚。愉快地經過印度洋、紅海。在尼羅河畔，金字塔旁，印下了雙雙履痕；在威尼斯這世界出名的風流水鄉上，做了一個美麗而現實的夢景。從此在每一處盛京古蹟，都撒下了她們愉快的種子，一直到「捷克」，這是從意大利登岸以後，經過第五天陸上的旅程，所到的另一個國境。

他們的形式，已經由一個普通的團友，進而為密切的情伴，蔣某從前所夢想的生活，就是他們現在的情形。他們幾乎是形影不離，二十九天的旅程中，促成這對遊侶，意外地獲得戀愛的趣味。他們在維也納的時候，已經約好，因為在捷克，團體有三天遊覽的程序，她們決計私費另開一間最大的旅館，以恢復一月來，舟車的困頓。

在捷克的三日中，是這次遊程所留下第一次的美滿印象。她不但在新的戀愛上，加上一層更新的關係，而在一路所經過許多不同的國界中，只有這裡，她開始見到不及中國六分之一的國境裡，一切進步的建設，和往時所常買到的物品的製造處，他們偉大的工廠，生產的真面目。

三天以後，在五個半鐘點的火車行程中到了德國，她們住在一處指定的住宅區中，那時候，所有的德國民房，都變成了旅館，連汽車間、貨棧，都掛著「歡迎旅客」的牌子。這個時候，柏林的烏發影片公司，曾經請中國駐德大使館的一位王祕書介紹，請李麗去拍一部影片的提議，終因她不能說德語和法語，而沒有成為事實，不然她也可以在世界影壇上，為中國放一異彩的。

在德國這一次盛會裡，她感到的，只是戀愛的滋長，使她在這個年輕的紳士身上，燃起青春的火燄。

她固然沒有忘記王××，但是年輕人是更值得愛戀的。現在兩兩相較。劉××是更勝一籌；所不幸的，是這些人都是有了家室的人。她只能永遠在男人的心坎裡，成為一個戀人而已！

四年一度的亞令匹克會，終於閉了幕。世運歐遊團是在那裡盤桓了十一天以後才離開的，那是八月九號。他們在晚上十一點的時候，到了荷蘭，在那裡只作一天的遊覽。第二天的晚上，他們又越過英國海峽，到了倫敦。

倫敦，在李麗的記憶裡，已經有二十年了。她一個自小就別離家庭的哥哥，在這個都城中，建立另外一個家庭。他已經娶了一個英國妻子，和多了一個只會說英語的孩子；這孩子已經長成到十七歲。

李麗在德國啟程之前，已經寫信去通知她的哥哥，所以在她到倫敦的第二天，她們隔別了二十年的兄妹，和從未見過的嫂嫂、姪兒，都快樂地聚在一起，家庭之樂、骨肉的愛，從小就被偏心的母親和惡毒的大哥所剝削盡了的李麗，此刻才從熱淚的傾瀉中親切地感受了。

倫敦正像其他的大都會，薪給生活中的人們，都會感到衣食的脅逼。她的哥哥很想有一個機會，回到祖國來；尤其他想把自己的兒子，給他受到祖國的教育。李麗聽了她哥哥的話，就把這教育姪兒的責任負下了，她決計在回國的時候把他帶回祖國去，把他教養成一個強健有為的公民。

哥哥和嫂嫂，都看到她和劉××的愛好情形，他們都希望這個在苦難中長成的弱妹，早得歸宿，然而他們沒有曉得劉某是早已結了婚的人。

在倫敦只耽擱了六天，他們的遊程中，是必須即刻由比利士趕到巴黎去。到了巴黎，年輕的戀人們，是儘量找著新奇而刺激的玩意，她到過所謂「玻璃房子」，地下舞場，所有的許多女性沒有勇敢去的地方。

在這盡情享樂以後，她們開始談到將來久遠的問題；因為李麗預定的美國之遊，如果不在巴黎決定，那麼三天以後就要跟團體從瑞典取徑回國了，而到美國去的關鍵，是完全繫於她們婚嫁的決定上。

三十三　在黃金國

對於她和劉××的將來問題，李麗以為劉能夠始終以一個「誠」字相待，便什麼條件都不用談了。劉××雖然對李麗已是到了心折魂授的地步！但是，這位年輕的紳士，是一個理智極強的人物，他沒有一件事不是經過理智的分析而加以判斷的。他曉得李麗往前的歷史，和她懾服男人的魅力，他不能因此影響到自己的家庭和事業，雖然他對李麗傾心談愛的時候，還是說，一切都可以為她而犧牲！他估計著，在這個旅行期中，是不會有什麼變故的，只是回國以後，卻是問題。無數的男人們，會因了這個女人的歸來，更加瘋魔，富豪們都會存心獲得這個漫遊世界的奇女子，來炫耀自己的手段。李麗終會在最高的投標下，毀棄一切，葬身在黃金的鳥籠中。所以他對於這個將來的問題，還是存著觀望的態度，不過有一點，卻在他的語氣中透露出來；就是，他最低的要求李麗和他保持一個永久的友誼地位，一個拚除形式的戀人，而他亦要在經濟上給李麗以永久的掖助。

到美國去遊歷的關鍵，終於也通過彼此的同意而決定了，他們跟世運歐遊團的關係，亦在這個法國的京城結束。

八月念四號，世運歐遊團啟程赴瑞士的時候，李麗和劉還在巴黎等「腦曼地」去美的船票。腦曼地在曼麗皇后號沒有完成之前，是世界上第一艘巨輪，就是以今年航行速率的紀錄說：腦曼地還是超過曼麗皇后的。在這一艘以五日的航程橫渡大西洋的海上行宮，李麗做了這次奢昂的頭等艙的上賓。

在大西洋的五晝夜懷抱中，她們真的浸沉在蜜月一般的美景中。八月三十一號，船到了紐約，她們住在聖・毛立芝旅館，一所三十三層高的摩天樓上。

在紐約她參加美國旅行團環遊紐約全市的一次集團，總算在短短的幾小時中，在這金元國的核心，作了一次走馬看花，又到加拿大去看了一次尼亞加拉大瀑布，第三天就到芝加哥去，再由那面到了洛山磯，到了全世界影迷們所憧憬的聖林，好萊塢。

她到了好萊塢，第一件事，就是尋訪跳舞學校。新聞紙上和電話簿上，但是太多了，反使她無所適從，她最後去問那旅館的招待員，才把這個志願完全打消。原來那裡有三種舞校，第一種是純粹職業的，這性質彷彿馬戲團，是要在幼小的年齡，在極嚴格的訓練中按步完成的。

還有一種是不限年齡的，專門訓練歌舞班的人才，但是，她們有許多許多的健美標準，及格的很不容易。第三種是私人教授，那是一種奢侈的學習，昂貴而少成效。最重要一點都得有一個長時間的學習，至少也得一年以上，但是，李麗那裡有這筆浩大的費用，所以這個最初的願望，這時完全消滅了。

三十四　白板在東京對煞

李麗的理想，到了好萊塢必定要玩一個痛快，走遍所有的製片場，訪問幾位心愛的明星們，但是，到了那裡，才曉得許多明星，都是散居在各處地方。而且必須要有一個熟識的人做嚮導，纔能夠獲見。而大都攝影場在攝片的時候，是一律謝絕參觀的，雖也有例外，但必須先徵得公司許可，所以她到了好萊塢以後，反而覺到茫然！

她住的一所旅館叫Biltmore Hotel洛山磯的旅館為了各地去的影迷們，特地預備了一種嚮導員，他專門陪著你去參觀各影片公司，和訪問明星，而李麗又以回國的船期沒定，不能多作担擱，只在二十世紀，M.G.M.派拉蒙幾家公司，作一次匆匆的觀光，電影明星卻一個也沒有見著。歸途裡，那個嚮導員指著一座滿綴著各式各樣的洋房的山頭，對李麗說：假使你有時間走遍這座山，一切都可如願而償。因為所有的明星，全住在這座山的四週。但是這座山你得要一個星期才能走遍。

在好萊塢作一日遊以後，第二天就坐車到舊金山，因為她們坐的那條船，隔一日就要啟椗，所以在舊金山，就簡直沒有玩，只在幾條街上走走。

在大西洋四晝夜的風浪中，才到了檀香山。船停一天，又帶著她們經過了八天的航程，到了橫濱、東京，她們住在山王旅館，計算著日本的遊程。

在那時候，劉××的神情非常鬱鬱！因為回國的時期已在眼前，歡樂的日子也將減少了！而李麗呢？一個很久的願望已經達到了，現在又將回到被人爭奪的境界中去，心是興奮著；她費了一百多元錢，在東京打了一個長途電話到上海的家裡，這個奢昂的耗費，換得一個意外的消息；她的妹妹對她說：王××曉得她要在這個時候經日本回來的，所以已經到了東京，預備接她一同回上海。

這個消息接到以後，使她想起在船上曾經接到一封由東京拍給她的怪電報，這電報只「大歡迎」寥寥三個字，沒有發電人的名字。當初李麗以為這電報是別人錯拍的，因為她沒有在東京的朋友，現在一對證，才想到這電報一定是王××拍的了。但是，一個困難的問題就橫在眼前，她將在這二男之間，怎何應付？當然不能得罪王××，但也不能放棄劉××，她只希望這個消息是不確的，或者她能夠不給遇見，使她能安然同著劉××到達上海，則一切問題都有辦法。因之她極力在東京隱避了自己的行蹤，一切娛樂場所都不敢去。劉××以為她厭惡煩擾，他提議陪李麗到「日光」去，這個幽靜的山頂，而這個地方李麗又是怕去，因為說不定王××也會在那裡的，但是她又不能跟劉說明。

到了日光，她們住在一家湖濱旅館，這是山頂上面的一片大湖近旁的一所美麗的旅店。山上氣候非常冷，因為日光是離海拔六千多尺高的一座山頂。李麗就推說怕冷，不願出去玩，其實她在提防著王××，不要也在這個山頂上。

她們就在這山頭的旅邸裡，討論著到上海以後的問題，劉××希望她能夠離開上海到天津去，李麗最厭惡的地方就是天津。她說假使劉一定叫她離開上海，也沒有做不到，只是天津還是有許多誘惑。劉說：那麼你願意清靜的話，青島如何？李麗是喜愛這個地方的；但是真的只叫她一個人獨居在青島，這清靜將由苦寂而重複引起繁華的綺夢來。然而劉××因為職務和家庭的關係，是必須長居在天津的。然而這些問題究竟容易解決，譬如真到感覺煩悶的時候，李麗儘可到上海或天津去溜一次。最大的問題，卻是在「確認身分」這一點。李麗究竟以什麼身分，受劉××優養在青島？李麗一定要他承認一個身分以後，才可以再談別的條件。

我上面已經提起過，劉××是一個理智極強的人物，他到了這種境界，還是處處提防著他最心折的一個愛人。他怕名義上成立了身分之後，將來萬一到了分裂的時候，一筆不輕的贍養費，將更增加心靈上的損失。所以他處處想泯滅這名義上的身分，而得到實際上的關係；這一點飽經世故的李麗是不會上圈套的。然而她也會經坦白地對劉說過，假使彼此心底裡沒有什麼計算，坦白地，真誠地，交換著愛，本無須提到形式上的虛偽名義；不過既然在雙方都還不能信任將來的結果，不得不求這一點做以後的保障了。

這個談判就中止在這一個問題上，在日光的遊興也就無形消散了，所以隔一天就又回到東京。李麗隨時都在怕和王××遇見，一到東京又藉著大雨，吵著趕到神戶去，預備一到神戶就上龍田丸，因之在大雨傾盆的夜裡離開了東京。在特快車的臥舖裡，兩人各自做著還鄉的夢。次日一早就到了神戶，船也適巧改在那一天開，她們就一直上船。李麗像完了一件心事似的，慶幸著在東京究竟沒有遇見王××。不料剛在她房間安排好的時候，突然來了一個電話，這聲音一聽就分邊辨得出是王××。他說：他在東京住在山王旅館，不過不願打斷她們的遊興，所以避免了見面，想早一點回上海；到船上以後，才知道他隔壁一個就是李麗，而那面一間是劉××，所以先打電話給她，免得驟時一見的時候，彼此失了矜持，並且他希望能有一個談話的機會。

這時李麗才曉得，費盡千方百計想避開的人，卻就在她的隔房，這也算是寃家路狹，她只得先把情由坦白地告訴了劉××，並且安慰他說：在他未到天津之前，她當盡力使他不受到意外痛苦；但他也要求劉，使她對一個熱誠的朋友，不要給他以過分的失望和難堪。

三十五　在青島的她

王××以十萬元的聘金，要李麗下嫁給他，以為這一下，李麗雖不入彀，劉××亦將驚避，不曉得她們暗中早已有約。李麗一意遷就於劉，原想從此得一好的歸宿，但是又怕他一時興奮，漸漸又給理智克服，所以對於王××那面還是敷衍著。在這個時間中，李麗卻偷偷地坐飛機到了天津。

劉××有一個法律顧問叫王天偉，就是他們婚約的起草人，自然一切利益他是秉承當事人的意旨。李麗對於這張婚約，是抱著很大的希望而去的，但一看到草稿，心立時又冷了下來。因為這張草約的最主要一點，是要李麗在訂約起的六年中克守婦道，遵循三從四德，沒有一點使丈夫不滿之處，才能領到三萬元的保證金。而在這六年的同居期中，每月只給三百元的家用費。這一個出乎李麗意外的條約，比起王××之一言十萬金，真有天壤之別，使她不得不懊傷而回。

等李麗回到上海以後，劉××又徬徨起來，他心愛這個人，不能捨棄她，但又不敢獲得她；他怕將來那筆鉅大的遺產會操縱在這個女人的手裡。但一離開她，做事就像失了魂似的，沒有一點心緒。因此特地又打電報託他上海分行裡的一位姓孔的親信，就近跟李麗磋商，叫李麗擬一個草稿。這個時期中，李麗的家裡每天有天津拍來的一個電報。交通部的急電專差，天天都得在海格路上忙碌一次，就是為了她們這一個小小的婚約問題。

這一個問題一直醞釀了兩個多月，直到劉某第二次到上海的時候才解決，而這解決還是一個局部的試行；就是由李麗先搬到青島去住，一切生活由劉××負責，再在這個時期中改訂婚約。於是李麗乃在二月間離開上海，到青島一條靜僻的住宅區中，嘗試她的隱居生活。

在她到青島之後，靜謐的島上，立時發現一輛怪聲的紅色流線型汽車，而駕駛的又是一個漂亮的女性，二十四小時以後，青島的市上、海濱、山頂，沒有一處不見到這個怪聲而觸目的汽車疾馳而過。但在第二天的早晨，當這輛紅色汽車越過市上的時候，卻給路警扣住了。原因是漆紅色的車輛，在青島市上，只准救火車和警備車用的，所以扣住了。後來這輛紅色汽車就此消失了，直到第二個月才又聽到這怪異叫聲的汽車，換了碧綠的新漆在市區出現，而駕駛這輛綠汽車的李麗，也成為青島市上唯一的女性開車人。

王××聽到李麗全家遷到青島的消息。還以為是劉某必以超出十萬元的鉅金，量珠而去，卻不曉得對方只以不及自己三分之一的金錢，獲得投標的勝利，但也可以看出李麗是在一心要想結束這個漫長的流浪生活。

三十六 太太與外室

自李麗隱居於青島之後，王××也不復再作妄想，雖其間王××曾有一度到青島榮城路李麗門前徘徊好些時候，終因侯門如海，使蕭郎不得不起陌路之感。

從此李麗屏絕鉛華不再作綺麗之想！每天除了開車跑山之外，靜下來的時間，就在自己花園裡看看書。青島人都曉得劉家新娶了一位漂亮媳婦，但實際上，她對於身分和名義的爭執，一直就沒有解決過，汽車夫、大司務、看門人，雖然都改口叫她少奶奶，然而對外，她還是一個李小姐。

李麗為了表示嫁劉的誠意起見，她先做到第一步的表示，由上海遷居青島。而劉××除了實際上為她負起一點生活費用之外，對於根本問題就一直沒有提起過。這樣地過了一個月，李麗就向劉提出責問，婚約問題是否就這樣算了事，而且他長住在天津，叫她一個人孤獨地閉居在這個凄涼的島上，於情理上也有不合，她說你是不是叫我做一個活寡婦？自然劉××是沒有理由可以推諉的，就立即將從前的一張婚約，寄給李麗叫她改正那幾點不滿意的地方。

李麗接到這份草約以後，就祕密地飛到上海去，不料適巧劉××由天津打一個長途電話給她，才曉得她已去上海，不禁疑竇叢生，趕緊拍一個急電叫一個姓孔的親信去尋李麗。這時李麗正在跑馬廳畔華安飯店和她的法律顧問在修改婚約，而那位孔先生居然尋了來，就將劉××拍來的電報給她看，她立即回青島去。

李麗一看事情拆穿，只得把事實告訴他，並且將已經改好的婚約寄給他，要他立即答覆。劉××接電後，不知所措，因為這張婚約，有許多隱伏的危險性，然而，卻每條都有充分的理由，最大的一點，就是她並沒有要增加錢，只是在合法的情理下，要承認她是劉××的妻子而已。

劉××只得先把李麗騙到天津再說，就叫孔某代她買好飛機票，叫她立即到天津去簽約。

到天津以後，劉某已將婚約重委律師改過，等簽字的時候，已經非李麗本意的一張，她大不高興，事情幾乎又絕裂，後來用律師打圓場，把三萬元錢改作每年付一萬，在三年之中完全付給李麗收執，才算同意。這婚約就在這個律師證明之下在天津利順德飯店簽了字。

一場姻緣就此圓滿，但是李麗還是處處讓步容忍，因為這件大事，劉某還須在家庭方面嚴守祕密，而李麗此時也只能成為劉某一個外室而已。這一個問題，劉某也曾為李麗解釋過，他說，他的父親因為錢太多了，時時耽心有人謀奪他的財產，因此患了神經病。他又是一個極頑固而又充滿封建遺毒的人，他自己雖娶過姨太太，但不准兒子們有這個事，假使這事給他知道，那會鬧出大事來的。好在他父親已經是風燭殘年，加之多病，去死已將不遠，往後的日子則全是他一個人的了，因為他是長子，而且是所有產業的執管人。所以要李麗暫時先委屈一下，等這個未來快樂日子的來臨。

三十七　婚變

當劉××簽婚約的時候，這祕密給他的姊夫曉得了，劉××和李麗的遇合，他的姊夫本來完全都曉得的，而且他還天天跟他倆在一起吃飯，他原以為劉××只是玩玩而已，現在一看事情已經弄假成真，就有些慌了起來。因為假使這一件婚事成功於後，凡是靠劉家生活的人，他認為都有直接和間接的影響。因為無疑的，劉××此後的行動思想，必將受李麗的支配，而使這班想在劉家幾千萬元財產中分得些許餘潤的親友們，不得不增加一分憂慮。最重要的是，如果李麗於同居後生了孩子，劉家的遺產上必要給她多攫一份去。自己靠妻子的福份想等著岳丈死後，沿襲子女承繼權去得一份遺產，必將因劉××多了一個兒子，而減少許多。這就不得不早作遠慮。所以他起來聯合了許多家屬中的重要分子，向劉××先作諫告，並謂假使劉××不受勸告，則將向他的父母去提出公訴。

那時候李麗已經獨自一個人到北平去看牡丹了。她離開這個親切的古城已有多年，現在猶如重新投到慈母的懷抱裡，溫馨地，數著十年前這古城下的歷歷舊夢！

正當她留戀著不忍遽去的時候，那個為她證婚的王律師趕了來，這是她剛簽婚約後的第四天晚上。

王律師先把劉××受家屬方面圍攻的一番苦衷，去打動李麗的心，隨後他說：萬一事情真給這班家屬向他父母去公告，那時候，劉××的一切主權，將會完全被剝奪盡，也許說不定到鬧得更大的時候，劉××有被他父親驅逐的可能。所以現在還是要李麗以愛他的心，為他作暫時的犧牲，先把那張婚書取消了，使這班親友的攻擊空氣緩和下來，隨後再可慢慢地另作計較，而且現在親友們還願意先拿出三萬元錢來換回這張婚約。

李麗聽了這一番話，曉得大勢已去，因為劉××原不是一個真能為愛情犧牲的人，現在事到其間，還是犧牲自己，去成全別人。她也不加爭辯，只告訴那個律師，這張婚約仍舊要由劉××當面解決。

第二天，她就和那個律師回到天津，仍舊在利順德飯店那個簽訂婚約的房間，結束這度婚變。劉××雖然是一個理智強於情感的人，但到這個時候，他也不得不哭了。

李麗和劉××的一場遇合，就此告一結束。家裡人都還高興地在等著喜訊，不料帶回去的卻是這樣一個相反的消息，不但李麗因此鬱鬱而致病，就是傭人們也為她們的女主人代抱著不平。

人非木石，孰能無情？李麗既以真愛去換求幸福，其失敗後的創痛，自然比普通的戀愛離合為深。她毅然離開上海，拋棄所有的朋友，拒絕十萬金的誘惑，把幸福去寄託於一個人，而這個人終於遺棄了她，任憑你如何豁達，總不能釋然於懷。她終究病了。

她本來有極深的胃病，差不多每次飯後都要一杯胃藥以代茶。這諸醫束手百藥罔效的病根，原是她十餘年來種種積鬱所致。現在因這事一引發，病根又轉深。回青島以後，足足在病床上纏綿了半個多月。

這已經是五月的季節，避暑的人們，一陣一陣從各地擁到青島去。這個時候，她心愛的小親戚，寄甥女，也乘著這個假期，趕到青島來避暑。而她的病也因這個小寶貝的天真的解慰，漸漸地好了起來。這個人就是給全國萬千影迷所憧憬的東方僅有的一顆小明星陳娟娟。

從這個時候起，她幾乎把整個的時間，全消磨在海灘上。從清晨起床以後，就帶了娟娟，自己開著車，直駛到一個靜僻的海角，放身在沙上的陽光下，讓大自然來撫慰她心坎的創傷；任海潮去沖滅她無盡的夢痕。這樣的生活，幾乎度過了一個整個的夏季。

她已經把理智恢復了，她把這場戀愛的挫折，付予了輕輕的一笑。她從新向自己實生活的培養努力。她特地去請了從前教她舞蹈的那位年輕的美國教師——莎菲小姐到青島來做她的家庭專任教師，她一面自己努力地學習新的舞技，同時還帶著娟娟跟著她一同學習，空餘的時間還督促著那個在英國長成的姪兒，補習著祖國的教育。

她就在這樣的狀況下，度過一段煩惱不甯的時期。青島的市上好久沒有看到那輛引人注目的綠汽車了；而那個漂亮的女主人，最多只帶著兩個女小孩，牽了一頭愛爾蘭種的捲毛羊種狗，躑躅在海濱一帶，落陽在沙粒上閃著光的黃昏時候。

三十八　她為怎麼在香港伴舞

當這個星期將完畢的時候，適巧盧溝橋的烽火在七日七日那天燃起！她關心著密邇家鄉的戰報。整天坐在收音機旁邊，聆取前線的捷報。在青島那班避暑的紳士淑女們，也被炮火驚醒了海角綺夢！收拾著未了的餘歡，倉徨地從這個島上離開。因為報上已經有海上封鎖的暗示，而戰線也有從那面蔓延過來的趨勢。×國的僑民也都在作凄愁的撤退。像一場盛筵；青島總於變成了席散後的一般零落了！不要說是由外地來的人過走完，就連當地的市民，都像得了預兆似的，覺得這個天堂樂園，終將淪為魔窟！都作遷避的準備。後來連外僑也在驚擾起來了。然而，李麗她卻安定地，沒有受這些波動的影響。因為她明白，這一次的戰事爆發以後，祖國的土地上，將沒有一處不爆裂抗日的血花，所謂安全土者，只有在日人被殺滅，被趕走以後——所以她不逃。他曉得連上海的租界都不可靠，還不如留在青島等這個祖國翻身的機會。

這其間她曾經到過上海一次，是為了伴送陳娟娟回去，適巧那時候，青島的焦土政策實現，日人在那面的所有一切經濟的命脈，都給正義之火焚燬了。這是給日人一個大驚恐，也給青島市民一個奮起的警號。李麗這才又匆匆的回去。

那時候為了預備著戰事臨頭的準備，她認識了一個在某汽油公司任經理的美國人，這個人叫湯姆斯。認得的起因，是李麗平時常在他們那裡加汽油；現在為了要託他們公司保管汽車，這位湯姆斯先生就特別效勞，代她設法另外寄託在一個德國人的家裡而起的。因了這一段經過，她們之間就成了朋友，成為那一個時期中李麗一切的保管人。說美國人頂熱情，也許是頂容易激動熱情，比較切合些。湯姆斯先生就是那一種典型的美國人？他一見李麗這個中國特出的女性，熱情就立時激動了，他為李麗效了許多勞。使她不能不覺得感動！而美國人又是頂風趣的，頂懂女性心理的一種人，所使這個已經寂寞了的心，又在這個異國男子的挑逗下，有些撩亂起來了！

戰事終於在青島爆發了。李麗幸虧事先準備週密，所以雖然仍在×××××恐怖中！卻安全地沒有受到一些損害。只是在福山上面那所新買的別墅，被日人封沒了。而青島千萬婦女都遭日人×××××！李麗之所以能夠倖免於難的，則又是靠了湯姆斯的一部分力量；因為在她的住宅頂上有了一面美國旗飄揚著，而湯姆斯又日夕在她家裡保護著。好在這一帶又是純粹的外人住宅區，所以日人雖天天在她們前走過，總沒有踏進她的門檻過。而湯姆斯就在這樣一個激變大混亂的零圍中，漸漸構成了戀愛的輪廓。

青島淪陷以後，李麗在上海的一班朋友，都為她著急，尤其是王××。她和劉××分袂的消息早已得了，不過他卻按兵不動，他要等這頭受傷了的野兔，自已投奔上來。不料李麗卻一直不給他通信。王××就乘這個時機打了一個電報，叫她到上海暫避，青島究竟在魔手的掌握中，沒有我們的自由了！李麗也頗想離開，得了王××的電報以後，去志就決了。她隨身帶了七千元現鈔，和許多首飾，乘了國際難民船到了上海。

王××還是想根據舊戀，要她下嫁，不過有一點，卻受戰事的影響而改變了初議，就是從前所答應的十萬元聘金，現在銀行不能提現款。假使李麗信任而能通融的話，他先以十萬元的公債和股單，交李麗收執，等抗戰奠定，再以現金易回。其實李麗倒並不計較於錢的上面。對於王××始終如一的態度，已經深深的打動了心！不過和湯姆斯正在嘗著初戀的滋味，一時還不忍割棄。所以她此時並不談到婚嫁問題，但決意先到上海來住。隨將五千元錢及鑽錶一只、鑽鐲一只、金首飾四件，託王××保管。她回到青島把家事安排定當以後，再回上海。

不料到青島以後，卻被湯姆斯纏住了。他竟然向李麗求婚，他說結婚以後，他要請求公司將他調回美國總公司去任事，他要帶李麗一起在美國度快樂的生活。結婚的時候，他還要請美國領事來證婚，結了婚就出國。但是李麗對於這些聽膩了的話，已經失了興趣。他又鄭重地加一句說：如果你懷念祖國，等抗戰勝利的時候，我們再回來就是。

當李麗回青島的時期，王××突然病了起來，而且病得很沉重，經醫生的診視以後，叫他要易地休養。他應該立即停止事業上的操心，更應該避開外來的刺激。所以他必須離開上海。當他決定到香港療養的時候，他拍了一個急電給李麗，叫她速到香港晤面。

李麗接到電報的時候，正是湯姆斯糾纏得最緊的關頭，不過她很關懷這個病中的知己。而且香港又是她歡喜的一個地方，所以也向湯姆斯撒了一個謊，隻身到了上海，拉了寧波李麗，一同趕到香港。

豈知等她趕到香港的時候，王××已經在醫院病歿。這一個意外的噩耗，真給李麗一個絕大的打擊。她想不到一個人的生命竟是這樣的脆弱。她不但失了一個情人，而且失了一個知已。自然她的傷痛是很深的！而最不幸的是託他保管的一點錢和首飾，現在也變做死無對證了。她又不能去向王××的家屬去查問，她只有託那命運一說：好像冥冥之中，她應該有這麼

三十九　再回到日人掌握下

李麗進國泰伴舞的時候，舞場主人，似乎花過一筆很大的宣布費，同時在這個紅舞女身上，也投下過一筆浩大的交際費。舞場主人除了每天陪她吃飯買東西之外，舞場裡還供給她一輛新汽車，給她代步。但是，她只答應幫三天忙。舞場好像有些得不償失，然而卻利——那個舞場主人，卻有營業上的特殊把握。他要在這個維多利亞小島上，做舞業托辣斯，自然，在他的舞女紀錄表上，不能缺少這紅絕一時的舞后；來提高舞場的榮譽。所以卻利明知道在這一次的企圖上，是不能獲得利益的，但是，他有深遠的目光，他一定會獲得將來的補償。

李麗在這三天中的收入，無疑是失敗的，但在香港所有舞女群中，她已經破了紀錄。香港真是一個外強中乾、吝嗇、小氣，徒有其表的一個地方啊！在那三天期滿以後，李麗不得不歎息著走了。

當她臨走的時候，卻利向她作了一個保留的要求，就是希望李麗能夠在下次重來香港的時候，再幫他一次忙，李麗也在口頭上答應了。

回到上海以後，上海的舞場曉得她已在香港伴過舞，都來向她要求；李麗都拒絕了。她在上海盤桓了一個星期，然後才回青島。湯姆斯見她回來，自然又提舊議。但李麗唯一的問題，就是不願意再住在這個失卻了自由的魔島上。這使湯姆斯多少有些為難，因為他的職業在青島，他不能為婚姻拋棄職業，這一個問題因此拖延著。

李麗現在什麼都完了；愛人、房產、積蓄，都在同一個時期中消滅了。她多少起了一些茫茫前路之感。因為她現在不單是一個人生活的問題，她還要負起姪兒教育的重任。眼前橫在她面前的有兩條路：就是和湯姆斯結婚，或者再做舞女去。但是湯姆斯所入無幾，至多只能維持一個家庭。做舞女固然還有別的新希望，然而她已經苦痛於這個生活。因此這時期中她非常苦悶。

也許走因為她曾有幾次在家裡的花園中散步，給鄰近的一個日人司令部裡的軍官們瞧見過。第二天就有許多電話要尋她說話，要請她去跳舞吃飯，態度是恭而敬之，但卻纏繞不休。終於給她姪子用英語回絕了。李麗看這情形越來越險惡，只得又匆忙離開這環境，重到上海。

四十　香港再度伴舞的祕密

李麗這一次到上海的情景，自然和前幾次不同了。她處處感到落寞和飄零。嫁人自然不是她的出路；像她這樣一個生命力活躍的女性，除非有無限的金錢，才能滿足她一時的欲望。可惜是現在連拿得出金錢的人，都沒有了！真的嫁給湯姆斯嗎？也許在一時間衝動過，但究竟不能使她撒脫家庭的重負，跟他到異國去過另一種生活。然而湯姆斯，這個美國青年，卻是在不顧一切地要達到這個願望。因為李麗不願住在青島。他就向總公司去設法，把他調到別一個地方去辦事，而這件事竟在他努力之下成功了。總公司已經允許把他調到重慶去。重慶正是現在中國的新臟腑，公司需要有一個志願在這個抗戰重心的區域中，為擴展業務上的人員。湯姆斯的要求，適巧投合了公司的同意。在一個星期中，他就迅速地到了那個新的理想的城市中。

湯姆斯到了重慶以後，才打電報告訴李麗，說他已經依了她的意旨，離開了青島。現在希望她快到重慶去履行婚約。這使李麗更煩惱，因為她沒有想到湯姆斯竟會認真到這個地步的。

重慶，她想到了許多朋友。南京的、上海的，和從前散在四處的朋友們，現在都為了在同一的目標下，負起同一的任務，在那個地方集合著。她開始想到那個地方去，但並不完全為了湯姆斯。

因此她計畫著旅程的步驟，必須再經過香港，而後廣州、漢口、重慶。而這三個不曾到過的城市，正是現在抗戰的重心，都有她所想念的朋友在那邊。她於是先發了幾個電報，通知廣州漢口的朋友，告訴他們：她要到那面去的消息。使她興奮的是很快就收到那兩處的覆電。而在同一歡欣的語氣中，催促她快快就道，說那面所有相識和不相識的朋友，都聽了這個消息而高興。

於是她又到了香港。為了想住一二天就走的；要避開許多無謂的熟人，和無謂的應酬，她悄悄地住在九龍半島酒店裡——這個對海島上唯一的大旅店。

伴她這次同來的還有一位姓關的女友；這個精通五國語言而和李麗有相彷性格的女性，使李麗破除了許多寂寞。她原想坐飛機到漢口，但那時候的飛機很忙，接連有兩班的座位都定滿了。因了許多周折，某一夜她到舞場去坐坐。卻給舞場主人如獲珍寶一般地招待著。從此就給他包圍了，要李麗履行上一次的諾言。而不幸的是李麗因了一星期中超出預算的一筆鉅大旅

四十一　她是瑪特哈麗嗎

她對國泰訂約的期限，本來只答應一個星期；舞場卻堅持著非三星期不可，否則他不能先借許多錢給李麗。李麗處此情形之下，也只能答應下來。但是她還保留一個要求，就是假使她能在一個星期之中把預支的錢都還清給舞場；那麼她可以不再繼續。第二次舞女，就在這樣一個不得已的特殊原因下做成了。

和舞場的條件談妥以後，她就從半島酒店搬出，但那個時候，香港所有的一些旅館酒店都住滿了人，後來好不容易在京都酒店預先定到了一個房間。雖然比半島已經便宜了一半，但是每天的房金還是要十七元港幣。

她向舞場預支的一些錢，在搬出半島的時候，已經完了。因此對於以後啟程的費用，只能完全希託於伴舞所得。然而香港的舞客們，是寒酸得可憐的；他們連吃一杯開水的小費，都要極力節省，你還能在這個早有經濟預算的身上，存什麼希望？幸虧這一個時期有一些轉變，舞場雖然在香港，而舞女卻全部是上海來的，而且所有的舞客，亦大都是香港人眼中的外江佬。這些外江佬對於玩，向來是抱焦土政策的，今天既然踏進舞場，那麼腰袋裡非至糧盡彈絕，絕不輕易放棄防線。大有衛國壯士與城共亡之概！否則他們覺得無以回對江東父老。可不管這些錢是明天去付房租的。

這時候，島上有一個謠傳：說是日人在上海擴展間諜網到舞女身上了。一時有許多紅舞女，都在杯弓蛇影之下，成了一般人口頭上的疑案。而且這個疑案在認為確定某一的環境下於是李麗也就成為可疑的一個人了。有人聽到這個消息，故意向李麗作一度試探，告訴她：香港的紅舞女都不能到廣州去，否則必定會發生意外的，她聽了只是笑一笑；只是毫不在意而又故作驚奇的笑一笑。她反問那個人：是否香港的紅舞女都變成了瑪特哈麗了？

這一種傳說儘管散布在每一個人的心頭可是與一般火山朋友風馬牛不相關。他們認為間諜也好，密探也好，但跟他們毫無妨礙。因為他們是在香港，離開戰區和淪陷區都很遠，安全得比上海的租界還靠得住。一非軍政要員，二與抗日很本無關，所以謠言管他謠言，跳舞我仍跳之。

李麗自從聽到這一類的消息以後，曾經對幾個朋友說過：她說也許我會去幹這種以生命為賭博的勾當。可是我在死了的時候，必定會在身上覆上一面光榮的國旗的。

四十二　她為什麼到重慶去

她這一次在香港伴舞，原不打其做長的，唯一的希望，能在一個星期中做出舞場的借款，然後在規定的日期中到達了武漢。然而不幸的是，香港這個徒具繁榮的慳吝島，使所有舞女都感到了生活的威脅；有時她們還清晰地明白；自己在一夜中用力耗去的無數無數繞著舞池不停旋轉的步子，比人力車夫所得的代價相去無幾；在這樣一個情境中，李麗的奢望，自然也成了幻滅。因之也不得不打破了原定的計畫，延長了行期。

李麗既然被這個無法脫身的環境所留住，只得再發電報去通知重慶和漢口的一班朋友，述明至少在香港還須滯留二個禮拜的原因。而其中有一位朋友，從得到李麗的去訊以後，一直盼望到現在，不料突然又來這麼一個延期的消息，使他的焦急，比難民等麵包的心情還迫切些！因為他已經有一年多暌違了這個意中人。後來他遭了幾次競爭中的失敗；又聽到她嫁了人的消息，也就決定了自己的命運，從此離開上海。不料在這個劫後的絕念中，突然又接到她的電報，而自己的妻子正因了病在另一個地方休養，這個幸運機會的獲得，使他有了從未有過的興奮；然而到頭還是一個空，這個掃興自然也很大，因之他立刻回了一個電報給李麗，並且在中國旅行社代她訂好了一張車票，要她在可能中立即就去。這個人就是本文中前段所提及的曾與死了的王××向李麗同時進攻的錢××。

關於重慶方面，李麗也發了一個電報，述明不得不滯留香港重做一次舞女的原因。不料湯姆斯卻因此大大地不高興起來因為他所曉得的李麗，無論如何不至因了經濟的原因而會重做舞女的。她有錢，是湯姆斯所曉得最清楚的一個人。現在在香港突然伴舞，當然是別有用意。他給了一個毫不原諒而又淡淡的覆電給李麗，這使李麗在氣憤之中，索性在香港留下了的原因。本來她想到上海去匯錢出來還清舞場就走的，現在卻決定後舞場裡借，由舞場裡還的主意；這筆借款要從腳底下去跳出來的。

她同時也給了一個很不痛快的信覆湯姆斯，表示有中止重慶之行的意思。這一來，湯姆斯可屈服了。不得不來一個誠摯的道歉：希望李麗不要因了二個小問題而拋棄了幸福的未來。

時光過得真快，李麗在香港又做了一個月的舞女了。她預定在一個星期中還清借款的，但現在四個星期了，這些向舞場的預支，還不能完全償清。然而她的收入不能說不好，最大的原

因，還是她每天要耗去二十幾元錢的食宿費，使舞場裡的一些收入，又無形中填補了奢侈的生活上，

在月終的時候，她向舞場提出要求，她不能不走的原因，而那筆尚未清償的一些錢，她決定到了重慶再寄還。舞場雖然大大的不願意，但也奈何她不得，中間也曾經過一度法律的醞釀，然而她終於離開了香港。

四十三　省政府祕書

當她在香港的時候，曾經有人對她說過：「香港所有的紅舞女，假使到廣州或者漢口去，都有被扣留的可能。」李麗聽了並不當作一種警告。她不相信事情會這樣單純，而且更不相信，香港的一般紅舞女，真會有這樣的能耐，因為在她的眼裡：香港的舞女，還是舞女而已。

可是在她到廣州的那一天，她剛巧踏上埠頭的時候，一個憲兵就釘住了她。她似乎有些意會到；但還是不相信那句毫無根據的戲言，會成事實的。因此她還是照顧著自己的行李，和叫呼著汽車。然而當她剛把汽車僱好的時候，那個憲兵已經走了過來。他開始向李麗盤問同時檢查所有的行李。廣州的特別警察和憲兵，是全國聞名的。他們那種嚴謹而帶禮貌的態度，使你處身在他那對不可迫視的目光搜索下，覺得有無從遁形的感覺。但是你假使並無什麼嫌疑藏在心裡，那你又會感到，像這樣的態度，這樣的精神：才成為一個憲兵，才像一個警士。

李麗在盤問之下，自以為說得出「來蹤去跡」光明坦白，沒有一絲可疑之點。然而那個憲兵還是不放過。因為從香港來，到漢口去訪朋友，這一類話等於白說了的。從那裡上岸的人當然是從香港來，而到漢口去，那又是離開廣州以後的事情了。他們現在責任中所要明白的，是眼前的事，在廣州區域以內的事情。他問李麗：在廣州有沒有她所認得的朋友？

在廣州的朋友，她多得很。為了要快些解除那位憲兵同志的疑慮起見：她就舉出省政府的一位某祕書來。自然有了這麼一位大銜頭，事態就鬆弛了許多。不過他還要李麗證明這一位祕書是否是她所認識的，他要李麗打一個電話對證一下。於是他們一同坐車到了新亞酒店。李麗開定了房間以後，那位憲兵同志已經把省政府的電話接通了。幸虧是那位祕書老爺不曾公出。經他證明之後，一場嫌疑，頓形消散。從此李麗也多少有些顧忌了，眼前如果沒有那麼一位闊朋友給她解一解圍，豈不要到司令部去坐一坐？

當晚那位某祕書自然還得抽百忙去觀她一次。並且叮囑她：不要作過分招搖的行動，尤其是奇裝異服。在漢口那種肅穆緊張的環境裡，走進一個花花綠綠的人去，無異成為眾矢的目標。他說：就是今天憲兵之所以追根盤底的釘住她一個人，原因還是為了她一身過分鮮豔的服飾，和一副掩蔽眼色的黑眼鏡所引出來的。

後來李麗還發覺：在她的隔房有一個密探日夜守住她，一直等她上了粵漢車以後，才離開她的身邊。

四十四　間諜間諜間諜

李麗在廣州動身之前，曾經發一電通知錢××，叫他預備一切。而那位錢先生卻連房子都替她預備了。所以李麗一到漢口，就住到特三區漢安里裡都所房子。

久別重逢，這在錢××的心裡，自有描摹不出的歡欣。他原以為李麗此來，必可在漢口居留一個時期的；而自己往時的宿願，亦從此可以獲償了。他不知道李麗此來，還是過途之客，而她所要去的地方，也不是漢口，而是重慶。在錢××的初意，以為李麗是一個人來的，不料現在還有一個和她寢食不離，形影相隨的關小姐隔在中間，使他擬預得太美滿的理思，又幻滅起來了。他以為李麗在漢口總不會有什麼朋友，那知她到了漢口以後，所認得的人，比他的朋友還多。而且在她剛到漢口的時候，來訪她的朋友，大有戶限為穿之慨，請吃飯的人，更是排好了程序在等著她。這使錢××奇怪起來了；那些人的消息，怎麼會這樣靈通呢？其實他自己剛曉得李麗動身的消息的時候，那些人也同時接到李麗的電報的。

也是李麗合該有事。這時候漢口的女青年會，突然來了一位時髦女郎。她向女宿舍裡定了一個房間；平時總像很忙似的，彷彿有一件什麼重要事情在接洽。因為她太美麗而又太時髦了，所以很受一般人的注目。自然第一個要通過的是憲警和密探的目光，他們發覺這位小姐，似乎有一件艱巨的工作，使她每天這樣忙碌。他們開始偵察她的行動。在女青年會裡調查到她的芳名叫韓莉莉，籍貫是河北，年齡是二十二歲。而她每天的行蹤，是和幾位金融界的巨頭頗接近，同時，教育界中的許多西人，和她亦有相當的往還，而事情最突兀而又使那些密探員覺得有絕大的可疑的是幾天以後，這位小姐突然收到由天津那個淪陷區中的某外人銀行匯來國幣六萬元的巨款。在這樣緊張的局面中，一個單身的少女，突然有外國銀行匯給她一筆巨萬的現款。這在警務人員的眼中，自然有百分之百的可疑點。因此就用迅雷不及掩耳的手段，把這個詭祕的女郎扣留了。

這一個經過，當局對外嚴守祕密；所以當時漢口新聞界雖有所聞，也不敢發表。但是這消息卻給「美聯社」的記者獲得了。因此在漢口本市尚未公開的消息，全國的報上卻同時都把這個聳人聽聞的消息發表了。而香港的某報，一見到那電訊上西文Lily Hens的一個名字，就直捷了當地把她譯成了韓麗麗，而且又斷定她就是北平李麗。所巧的是那位韓小姐又是北平人，所以李麗在漢口被槍決的新聞，就在這樣因誤致誤的兩重錯誤下，騰播了全國。

四十五　疑雲消散

當這個冶豔女間諜被處殛刑的消息，轟傳全國各地的時候；這個案件發生的漢口，卻還默然無聞。而被誤傳為女間諜的李麗，也還安然地在武漢城下住著。

後來那位真的女主角韓莉莉，經軍事法庭嚴密審訊之下，才明白這個年輕美麗的女郎，不但不是一個喪了國魂的女間諜，而且還是一位代父斡旋聰敏能幹的孝女，原來這位小姐的父親，原是天津的巨紳。因為在某項事業上的糾葛，與銀行界有所往來，因了自己年老體弱，所以叫他女兒代他到漢口去料理。那筆由外國銀行匯去的六萬元錢，就是她父親叫她付償給人的款子。事實真相既已大白，而且與這事有關的幾位銀行家都到庭作證。後來還得到馮玉祥夫人李德全的保釋，一場嚴重的間諜案，就此雲開天朗。而各地報上亦就同時有北平李麗已得馮玉祥夫人保釋的記載，而根本還是韓莉莉的事情，竟一誤再誤而三誤。其實有幾張報紙，後來何嘗不曉得是弄錯了的，但為了北平李麗四個字之富於轟動力；也就故意把它錯到底。那時候李麗也聽到這個自己被誤傳的消息了，好在事情的真相既已大白，她也不想加以更正。湯姆斯那時候也接到這個消息，他又打電報來催她去。而李麗也就在那個時候去買了飛機票。本來她一向出門；不論飛機，火車，坐船，住旅館，都用「吳瑛」的化名。但是這一次定飛機票的時候，卻第一次用了李麗兩字的真名。這也是一時的興奮，被某種欲望的衝動……不料卻因此竟招致了「因假成真」的一場無妄之災！

北平李麗的故事
——歷盡滄桑一美人

陳定山

我寫《春水江南》，很多讀者問我是否寫北平李麗？我對他說：「不是的」。那位書中人確實現在臺灣，但他本人不願透露姓名，我只好替她保密。提到李麗，他自己寫過一部《風月誤我三十年》。她十四歲就做新娘，鬧過婚變，上過火山，演過平劇、話劇、粵劇，當過名女人、交際花、電影名星、文藝作家、舞國皇后，被人目為「一代尤物」。三十八年到臺灣，風頭還是十足，和美豔親王焦鴻英、軍中芳草戴綺霞、穎若館主盛岫雲，成了四塊頭牌，盛大的交際場合，獻花呀，義演呀，猜謎晚會呀，都少不了她們。

自從焦大姐遠嫁，戴小姐出國，盛小姐息影，她們的景況還過得不錯。惟有北平李麗，美人遲暮，種種遭遇，坎坷拂逆。由於她一生的多采多姿，不知道的都把她當做一個浪漫的女人，其實她的本性是最忠厚的，只是人都有點愛慕虛榮的心，而社會又逼著她，支配她，使她走上三十年風月之路，到頭來一場春夢，凡是知道她的，都會替她灑一掬同情之淚。

憑欄・驚艷

我和李麗認識的第一次，是在上海。抗戰時期，我到她家去，不過我不是去看她，而是去訪她樓上的房客，那是一位以文人為掩護，屬於「中統局」的祕密工作者××先生。他偷偷的告訴我，樓下的女房東，是一位以影劇雙棲作掩護的名女人，她叫「北平李麗」。我驚異的問：「這樣你們的情況不會太衝突麼？太危險了」。他笑著說：「這樣才會安全」。

其時，樓下响起一陣緊鑼密鼓之聲，他說：「瞧吧，下面在排戲了。」

我們靠窗下望，一座相當寬大的四面廳，鋪著猩紅大地毯，二三十個全武行，正在排練一齣熱鬧好戲《搖錢樹》。北平李麗穿著一身粉紅緊身的睡衣，領子沒有扣，露出雪也似的半胸。烏黑的長頭髮，一直披到肩，額上束了一支大紅絲絲，圓圓的粉臉，大大的眼睛，那股妖豔叫人不敢凝視。她手裡掄兩桿白蠟槍，正在打出手，四面應敵，我幾乎喊出「好」來。我的朋友忙把我的嘴掩住，「別嚷，她不許陌生人偷看的。」這是北平李麗第一次給我的印象，後來去過幾次，才知道這二三十個武行，連全副場面都吃她的俸祿。還請有一位老師教文戲；《拾玉鐲》、《貴妃醉酒》、《花田八錯》，她的老師是北平有名的名伶朱琴心。

和北平李麗同住一起的，還有一個李宗英，她是吳啟鼎小太太菊第的妹妹，唱余派鬚生，和張文涓同拜陳秀華為師學藝。我才知道，×君為甚麼會找到這樣一位女房東，原來他是一位戲迷。對譚、余下過相當功夫，只是一口廣東話，鄉音未除。他做房客，是陳秀華介紹來的。不久×君被日本憲兵隊抓走了，我就沒有再去過。

銀海．浮沉

李麗初到上海，正值東北事變，她已經歷遍滄桑，瀋陽、哈爾濱非常有名氣，上海知道她的卻很少，她抱著一個銀色的夢，她也嚮往上海的名女人、交際花的頭銜。那時交際花，多屬名門的閨秀，唐瑛、陸小曼出盡風頭，李麗是挨不上的。她只好轉到電影圈子裡去，報名投考。這時候未有訓練班，也沒有明星登龍術，製片商只有明星（張石川）、天一（邵醉翁）、大中華（朱瘦菊）比較有魄力。女明星方面胡蝶、徐來，尚未嶄露頭角，最吃香的是宣景琳、韓雲珍、周文珠、楊耐梅，而王元龍已經被譽為影壇霸王，是紅得發紫的小生。

李麗要打開這門，可說不容易。她銀色的夢又不能不完成。她是具備電影明星一切應有的條件的，她有當時流行的圓圓的臉蛋，大大的眼珠子，鮮紅而厚厚的嘴唇，眉毛細成兩條線，能歌善舞，開快車，騎馬，游泳，溜冰都是北方帶來的時髦生活，南方女兒無法與她匹敵，加上一口北平人的流利國語。那時候，雖然不講三圍，可是她已經捨得暴露，大膽的服裝，顯出她酥胸、纖腰、臀部。上海人看到了不敢看而又要看。但是，她要想在電影圈找到一個機會，還是不容易。去應過考試，榜上無名，她幾乎急得哭出來。

她的女朋友告訴她：「傻瓜，這是你自找麻煩，電影界招考演員，那是一個黑幕，沒有門路，先通關節，妳一輩子也上不了銀幕，最好妳去結交結交那批導演和攝影師，譬如鄭正秋、程步高、吳文超那些人，混得很熟了，也許會讓妳在新片裡當一個不要緊的演員，然後妳跟著樹爬，爬上去，不過鄭正秋那個老傢伙雖然出身土行小開，倒是個道學先生，找他的門路實在困難，還是李萍倩、朱瘦菊比較好辦，不過朱瘦菊已經被楊耐梅獨佔，你聽說他們在寫字台上打沙蟹的故事嗎？」

李麗笑了，「這個我可做不到。」

「做不到，你就不用想做明星。」

但李麗並不死心，約莫等了幾個月，機會終於來了，有一家新中國製片廠，要拍一部《綠林叛徒》，男主角是大力士查瑞龍，他在張園表演過汽車過身，長得很棒，他的第二代是彭飛，第三代才是到過臺灣的王邦夫。女主角是舞國大總統梁賽珍，李麗只當了一名配角。導演吳文超倒是一個好好先生，簽約時問她要多少片酬，她說：「我只要做明星，片酬不在乎多少，都送給你好了。」她以為說得很落檻，吳文超鄙夷地笑了笑「沒有拍片不拿錢的，給你寫上三百元罷。」三百元當時等於五兩黃金。合到現在台幣至少也值一萬元，約值港幣一千四五百元上下。

歷盡滄桑的北平李麗

李麗接到劇本，十天就開拍，和梁賽珍第一次見面，她感覺，這位舞國大總統是楚楚可憐的袖珍美人，面孔好像已經過時了。她沒有她那樣的胴體，但是，她是舞國大總統。她拿著大包銀，而自己只是一個小配角——女護士。

從開鏡到完結，梁賽珍一直沒有理過她，她也沒有理過梁，她心裡想：「那一天我也做個舞國大總統玩玩？」

春潮・秋怨

這座攝影棚小得可憐，攏總不過四五十坪面積，上面沒有廠棚，四面沒有牆壁，佈景搭在空地上，搖呀搖的，風吹欲倒。有一天，突然颳起一陣大風，還帶來了一陣豪雨，全體人員變成落湯鷄。慌得導演，攝影師連帶一班演員，一個個躲的躲，逃的逃。大導演拿起擴聲筒大喊：「不要跑呀！快點搬東西要緊呀！」原來一套沙發全從張慧冲家裡借來的，張慧冲是一個變魔術的，而當了二牌小生。好容易天又晴了，戲才重新開拍。那是一幕緊張打鬥，張慧冲仗智力把大力士查瑞龍用繩子綑起來的精采表演。誰知搬東西搬急了，把繩子不知扔到那裡去了，用甚麼綑呢？急得吳文超直跳腳。幸虧李麗家住得近，她自告奮勇回家拉了一條床上被單，撕做一條條的布條，才把查瑞龍綑住，因此得到吳文超的賞識，接到第二部片子《春潮》，但是這中間的時間距離，卻耗了三個年頭。

中國第一部有聲影片，大家都知道是胡蝶的《歌女紅牡丹》，其實那有聲是假的，是百代公司灌的片，放在幕後擴音，真正的有聲電影卻是李麗主演的《春潮》。片中有不少肉感鏡頭，電檢處一再剪掉，存留下來的還是很多，她演得很賣力。當時以「騷在骨子裡」出名的騷大姐韓雲珍，也自歎弗如。但是人家捧的卻是有一張標準美人面孔，而絕對不會做戲的徐來。她喪氣了！

火山．奇遇

於是她只好轉移陣地，爬上火山去當舞女。「春潮」時期還沒有把北平二字成為李麗的頭銜，但是在上海，單憑李麗二字，這個牌子可響不起來，加上北平兩個字，就有點苗頭了。她還沒有進大舞場的資格，只好在虹口一帶老大華、維納斯、月宮那些地方打轉。虹口是越界築路，前門公共租界，後門華界行政區，實在是三不管。城開不夜，通宵達旦，暢所欲為，每晚要到十二點後，舞客才從別的舞場携著舞女或相好，源源而來，跳到東方發白才散。老大華是最熱鬧的一家小舞場，擁有許多韓國美人。這裡倒有歐美舞場的風氣，場子越小，舞客越多，後來的沒有了座位，就靠牆站著，手裡拿著舞票，就是帶舞伴的，也喜歡再找舞女跳，帶來的女伴照例不吃醋。這時候舞場裡有玻璃轉燈的，老大華還是第一家，奏著柔靡的音樂，霓虹燈全黑，只有一盞玻璃球四面轉動，放出無億數五色的小星星，圍繞著一對對的痴男怨女，沉浸在音樂海中。

舞票非常便宜，一塊錢可以跳三曲，五元一本舞票可以跳二十隻。有些闊客，就不把舞票撕下來，跳了幾隻，就把一本舞票連根塞在舞女手裡，而且還帶夾心餅乾，甚麼叫夾心餅乾呢？原來舞客要表示闊綽，就在舞票本子裡夾進現鈔，普通是一張黃魚頭（五元），有的夾上二三十元不等。北平李麗果然紅起來了。她每夜吃到夾心餅乾不少，當場也懶得點數，天亮了拖著睏慵步子回到小房子裡，用手一抖，突然在舞票裡掉出一張三百元的支票來，「三百元」這是一個不平常的數目，誰有這樣濶手面呢？想了半天想不出來。第二天，又到老大華伴舞，一個四十開外矮胖胖的大男人，一口嵊縣官話，嘻皮笑臉的附著她的耳朵說：「李麗，三百元收到了嗎？」

這實在出乎意料，李麗知道這矮胖是現任上海市商會會長王曉籟。他的名氣很大，可是並不有錢，很多舞女，伶人做他的乾女兒，那是要他的名氣做她們的靠山，因此王曉籟跟乾女兒跳舞，乾女兒絕不收費，怎麼他會花三百元呢？她連忙說：「會長，你太破費了，謝謝。」

「慢一點，你不要吃了對門謝隔壁，那是黃大少送你的，我只是轉手的中間人。我們在商言商，中間人就得先抽佣金，怎麼樣？」

「我回頭請你喝香檳。」

「香檳，太小兒科了。這樣吧，我們出去開個房間好嗎？」

甚麼？他想開房間？這太便宜了，李麗故意皺一皺眉，摸著肚子：「呵！我肚子不舒服。」

「怎樣？這樣巧，你放心吧！我說的開房是到Welcome，（「惠爾康」餐廳）不是到Hotel。」

原來這Hotel是一個舞廳的笑話：有一個舞客對舞女生了野心，用火柴在枱上擺一個英文字Hotel。那舞女很機智，便把起頭的H和末字L兩字改變了一下，變成了Kotex（月經帶）。那舞客碰了一鼻子的灰，所以王曉籟就用這個典故調笑她。

王曉籟噱頭

李麗聽王曉籟說請她到惠爾康吃宵夜，而不是開房間。舞女最愛吃，尤其是在天不亮的時候，她和王會長一道上了汽車，那部汽車很漂亮，前面坐著一個更漂亮的中年男子。王用手在他的肩上拍了一拍「嘉佑，我們到惠爾康去。」

原來那不是王曉籟的汽車，而是中興煤礦大老闆黃嘉佑自開的跑車，他是王曉籟經濟的後台，足有二三千萬的家產。王曉籟給她拉了這麼大的一個皮條，她不由向王阿二送了一個秋波，作為道謝。

王曉籟在車上捏了她一把大腿，「李麗，這個媒做的不錯吧。老黃吃得你死脫，只要你肯，他有的是煤礦，他會掘，用不完的烏金，我可擔保你一輩子受用不了。」

汽車開得飛快，黃嘉佑駕駛純熟，他倒是很大方，並不回頭，就在擋風鏡子對著李麗說：「李小姐，你不要聽信王會長的話，我們只是隨便玩玩，吃個宵夜，別的沒有甚麼。」

從此她和黃嘉佑從普通的舞客，成為膩友，又漸漸談到婚嫁。他在李麗身上花去的金錢，佔到她總收入百分之四十以上，另外還有相等的數字，送進舞場老闆的口袋。聲色場中女子，十九都是拜金主義者，但李麗是一個有良心的，她很願意嫁給嘉佑，但黃嘉佑和他的太太感情很好，她不願把自己的幸福建立在別人的痛苦上，因此成了難解難分的僵局。

夏連良煞手

李麗在老大華的時間並不多，她從虹口小舞場而升到靜安寺路的聖愛娜，再轉到新開的維也納舞廳，這中間她停停歇歇並不經常伴舞，時間足有兩年多。那已是民國二十一二四年的光景，作為第一流紅星的舞女，絕不會長年死守在一家舞廳裡候教，而是忽隱忽現，時東時西，和舞客施展著捉迷藏的技巧，也是北平李麗的第一個發明。現在臺港各大舞廳的紅牌舞星，還是奉行這個傳統。

做一個舞女無論三教九流，都要敷衍，尤其是上海的白相人更不能得罪。這時候李麗卻被一個叫夏連良的盯住了。提起夏連良知道的人還不多，提起他的前人小阿榮（芮慶榮）卻誰人不知那個不曉，他是杜月笙手下八個黨之一，綽號火老鴉。夏連良仗著小阿榮的勢力在英法兩界殺風打架無所不為。也許他對李麗有甚麼要求，李麗沒有答應，懷恨在心，生出毒計。這是一個週末的晚上，她坐在維也納九龍口。（這時舞女還沒有轉枱風氣，紅舞女都坐九龍口，湯糰舞女坐天門頭。）夏連良忽然拿了一個蒲包塞到李麗的椅子底下，「李麗，送你一樣東西。」正當秋高蟹肥的時候，李麗以為送她的大閘蟹，還沒有來得及謝，便被大班帶到客人枱上坐枱子去了。樂隊吹起華爾滋，燈光特別暗，上百對男女翩翩起舞，正沉醉在音樂的旋律當中，忽然一聲銳叫「哇！嚇煞哉！」一個十三點的舞女雙腳亂跳，大家低頭看著，只見有二三十條小青蛇在舞池裡蜿蜒亂轉，二百多位男女舞伴，大驚失措，舞女們更是一齊怪叫，面無人色。大夥兒奔的奔，跑的跑，頃刻之間秩序大亂，把維也納一夜的生意完全搞光。

過房爺擺酒

還是舞廳老闆陳占熊有點主意，叫僕歐們大家拿了竹棒，打的打，挑的挑，才把這些小青蛇掃乾淨。李麗還不知道禍從她起，那夏連良更若無其事的早已溜之大吉了。這件事可不就此完結，因為蛇是從李麗坐的椅子底下出來的，報紙上也載了花邊新聞，有的說李麗的舞客吃醋，下的毒手，有的說李麗本來在大都會做的，因為維也納營業太好了，舞廳老闆聯合起來唆使他來放籠，而沒有一個人疑心夏連良，這件事害得李麗百口莫辯，她要說夏連良，開舞廳的是白相人，等於官官相護，沒有讓她開口的機會，而把這火全燒到李麗身上，加以維也納自從放蛇之後，營業一落千丈，老闆對她當然不會原諒，夏連良偏又出來找她。說「只要請我吃飯，我就會替你解掉這個結，陳占熊憑我閒話一句。」

陳占熊雖然吃的白相飯，為人倒是不錯，眼看維也納生意一蹶不振，倒沒有把李麗怎麼樣，夏連良卻似怨鬼上身，每天附著陳占熊的耳朵說：「是阿二頭吃醋，才放的小青蛇」。阿二頭有兩個說法，男的王曉籟人家當面稱他王二哥，背後叫他阿二頭。一個是維也納舞女尤素珍，也叫阿二頭，正在和李麗爭奪一個舞客。

北平李麗《貴妃醉酒》啣杯下腰之時

「天啊！」李麗逼得沒法子，幾乎想到自殺，幸虧王二哥聽到這種謠言，他也光了火，於是指點李麗，叫她來一個以毒攻毒之計：「既然夏連良是小阿榮的徒弟，那我們就找他的前人。」由王阿二介紹索性把李麗拜在小阿榮的第三位太太華慧麟名下做為乾女兒。在芮宅擺了二三十桌酒席，黃金榮、杜月笙、張嘯林、顧嘉棠、陸連奎一班英法兩界大亨都請到。小阿榮夫婦受了三個頭，斟了兩杯酒叫夏連良和李麗對飲乾杯，才算把事情叫開。

孤軍．舞后

事情叫開了，上海的市面，李麗也感覺太不容易應付，她想離開上海回到北平去。因為有一家製片廠邀請她到華北去拍片，片名叫《孤軍》，正好藉此離開。在她動身之前還放一個起身炮，原來她第一次和梁賽珍一起拍片時感覺舞國大總統的氣燄不可一世，現在自己要輪到頭牌的明星了，應該要帶一個頭銜到北方去，才出風頭。有志事竟成，她利用了杜月笙、王曉籟、小阿榮一班人發動了上海新聞夜報四個團體舉辦「舞國皇后」選舉。她居然登上了民國二十四年，上海舞國皇后的寶座，和梁氏三姊妹的梁賽珍大家姐一樣，成為有自備汽車的舞國要人，而輝煌地離開了上海。

李麗再到上海，那已在抗戰的中期。她在外面經過了數不完的多采多姿的事業，最膾炙人口的要算跟著世界運動會出席柏林，而又環遊世界在郵輪上，不斷地鬧出桃色新聞了。

她回到上海已經是一二八事變之後，日寇佔據華中，政府轉進西南，而北平李麗恰在這個時候到了漢口。中外報紙登出驚人消息說，「舞后李麗最近在漢口被捕，解往重慶槍決，她是日本人從北方派來的間諜。」

《頭本虹霓關》李麗（東方氏）俞振飛（王伯黨）

但是不到半個月，李麗又在香港出現了。

據李麗的自傳《誤我風月三十年》說她是被重慶錄用，而擔任了兩面的間諜工作。不過在那個時候，她卻沒有顯著的表露她的身分，只知道她和矢崎機關長，畑俊六大將都有很深關係。和八個聯軍時代的賽金花一樣，用她的身分救過香港不少的難民，那是二次世界大戰開始，日本人偷襲珍珠港，也陷落了香港的時候。她更幫助流寓港九的名伶梅蘭芳，讓他得到日本人的保護，用飛機送回上海。也就在這個時候，她拜了梅蘭芳做老師，學習更多的平劇，不久，李麗也回到上海，她以日本人的關係而做著重慶地下工作。

在影劇方面，她拍了《一代尤物》，平劇方面她以《貴妃醉酒》和《搖錢樹》兩齣好戲，紅遍了京（南京）滬（上海）。提起北平李麗四個字來，真是婦孺皆知。

這時偏偏有個不識相的小漢奸，到她頭上去動土，那是七十六號偽特工總部的副頭目吳世寶，他們原是動梅蘭芳的腦筋，要他剃鬍子應堂會。這吳世寶是個有名的殺人魔王，比李士群還要厲害，誰反抗他，誰的頭顱就會搬家。他警告梅蘭芳說：「我們請你唱戲是給你面子，你要不唱，除非送你回老家，閻王殿上和譚鑫培去唱一齣《四郎探母》，倒是蠻好白相的。」梅蘭芳聽得索索發抖，只好去求李麗。

李麗一個電話打給柴山，柴山馬上通知上海憲兵隊杉原，叫吳世寶不得橫行不法，壓迫藝人。嚇得吳世寶連屁也不敢放。蘭芳沒有送上閻王殿也沒有出來唱堂會，倒是吳世寶不到三個月自己已唱了一齣《探陰山》，進了陰朝地府，永不回陽。原來他惡貫滿盈，日本人不要他了，給他吃了一粒藥，他馬上像狗爬一樣，在自己院子裡頭腳著地，腰似彎弓，足足爬了七八個鐘頭，口吐綠水而亡。吳世寶死去不久，那七十六號的正頭目偽江蘇省主席李士群也被日本唱《春香鬧學》，梅蘭芳在她的戲後接演《遊園驚夢》，程繼仙、俞振飛師生二人都陪她唱《販馬記》。現在她巨潑來斯路的公館裡不時都有堂會，絃歌徹夜，鑼鼓喧天。李麗是畑俊六大將的乾女兒，她不能比黑貓王吉相形見絀，因此她自己花錢組成了個劇團，可比票戲更過癮了！

絢爛・平淡

她說教過王瑤卿是真的，不過那是在北平的時候，她教過王瑤卿跳舞，同時王瑤卿也教過她戲台上怎樣走路。說實在的，李麗唱戲的悟性不太聰明，雖經過王瑤卿、梅蘭芳兩位名師，她卻沒有多大的成就，她只是好勝愛強。什麼事都喜歡來一個大場面。她的家裡永遠供養著三四位教師爺，文的、武的、打的、拉的，連唱帶住，外加包銀，每月在唱戲上耗費的錢，足夠中產人家三四年的開支。這樣她在上海從二十九年一直維持到抗戰勝利。這個所耗的天文數字，連李麗自己也算不清楚。到了臺灣，她雖未一貧如洗，卻已前塵如夢，往日的一切繁華俱已化為烏有，但是她的戲衣箱，還是全部帶出來的。

李麗和馬連良打對台是在民國三十八、九年間，地點就在香港，當時跟李麗同來香港的人，有趙仲安、祁彩芬、華傳浩、張和錚等。

這些衣箱，在當年所花掉的金錢，以新臺幣來折算，絕不少於兩百萬。當時她是一個十足的「羊毛」，學會什麼戲，就做什麼行頭，甚至每一齣戲的配角，還有每一齣戲所應用的道具，不論料子，綉工都得選擇上品，發一個傻勁，她把《貴妃醉酒》上了十二名宮女，十個太監，連應用的提爐，宮扇，鑾儀，法駕都是特地定製的。到如今臺灣票友要唱《貴妃醉酒》都得向她商借道具行頭，只要她答應拿出來四分之一，就夠你在台上瞧半天的了。

李麗的回憶錄，由她自己來寫是寫不完的，也許有人看了她的自傳會不相信，可是她為國家兩面工作，也建立了很多的功績，這是事實，最可惜，是支持她的某將軍在抗戰勝利之後回到上海的時候，他的飛機中途失事，乘客十七人，機員五人全部罹難。李麗半生的工作成績都在某將軍紀錄檔案中，因而也全部毀滅了。

李麗現在已是五十開外的人了，飄蕩臺港兩地，二十年來又經過多少的風塵，人情冷暖，再也無人提起她了。有些謠傳說她已不在人間，其實她還在臺北，安貧息影，近時又到過香港，票過一齣《貴妃醉酒》，有時她還托人帶手信來，「問定公好」。

血歷史152　PC0840

新銳文創
INDEPENDENT & UNIQUE

從名媛到特務：北平李麗

原　　著　清　秋
主　　編　蔡登山
責任編輯　鄭夏華
圖文排版　楊家齊
封面設計　王嵩賀

出版策劃　新銳文創
發 行 人　宋政坤
法律顧問　毛國樑　律師
製作發行　秀威資訊科技股份有限公司
114 台北市內湖區瑞光路76巷65號1樓
電話：+886-2-2796-3638　傳真：+886-2-2796-1377
服務信箱：service@showwe.com.tw
http://www.showwe.com.tw
郵政劃撥　19563868　戶名：秀威資訊科技股份有限公司
展售門市　國家書店【松江門市】
104 台北市中山區松江路209號1樓
電話：+886-2-2518-0207　傳真：+886-2-2518-0778
網路訂購　秀威網路書店：https://store.showwe.tw
國家網路書店：https://www.govbooks.com.tw

出版日期　2019年9月　BOD一版
定　　價　280元

Printed in Taiwan

國家圖書館出版品預行編目

從名媛到特務：北平李麗 / 清秋原著；蔡登山
主編. -- 一版. -- 臺北市：新銳文創, 2019.09
面；　公分. -- (血歷史；152)
BOD版
ISBN 978-957-8924-66-6(平裝)

1. 李麗 2. 傳記

782.887　　　　　108013237

讀者回函卡

感謝您購買本書，為提升服務品質，請填妥以下資料，將讀者回函卡直接寄回或傳真本公司，收到您的寶貴意見後，我們會收藏記錄及檢討，謝謝！如您需要了解本公司最新出版書目、購書優惠或企劃活動，歡迎您上網查詢或下載相關資料：http:// www.showwe.com.tw

您購買的書名：________________________

出生日期：________年________月________日

學歷：□高中（含）以下　□大專　□研究所（含）以上

職業：□製造業　□金融業　□資訊業　□軍警　□傳播業　□自由業
□服務業　□公務員　□教職　□學生　□家管　□其它_____

購書地點：□網路書店　□實體書店　□書展　□郵購　□贈閱　□其他

您從何得知本書的消息？

□網路書店　□實體書店　□網路搜尋　□電子報　□書訊　□雜誌
□傳播媒體　□親友推薦　□網站推薦　□部落格　□其他__________

您對本書的評價：（請填代號　1.非常滿意　2.滿意　3.尚可　4.再改進）

封面設計____　版面編排____　內容____　文／譯筆____　價格____

讀完書後您覺得：

□很有收穫　□有收穫　□收穫不多　□沒收穫

對我們的建議：________________________

____

____

____

請貼
郵票

11466
台北市內湖區瑞光路 76 巷 65 號 1 樓

秀威資訊科技股份有限公司　　　收

BOD 數位出版事業部

（請沿線對折寄回，謝謝！）

姓　　名：＿＿＿＿＿＿＿＿＿　年齡：＿＿＿＿　性別：□女　□男

郵遞區號：□□□□□

地　　址：＿＿＿＿＿＿＿＿＿＿＿＿＿＿＿＿＿＿＿＿

聯絡電話：(日) ＿＿＿＿＿＿＿＿＿＿ (夜) ＿＿＿＿＿＿＿＿＿＿

E-mail：＿＿＿＿＿＿＿＿＿＿＿＿＿＿＿＿＿＿＿＿